전국**한자능력**검정시험 5급

초판 1쇄 인쇄 2013년 4월 5일
초판 1쇄 발행 2013년 4월 10일

지 은 이 김귀선
펴 낸 이 방은순
펴 낸 곳 도서출판 프로방스
북디자인 DesignDidot 디자인디도
마 케 팅 최관호

주   소 경기도 고양시 일산동구 백석2동 1330번지
          브라운스톤일산 102동 913호
전   화 031-925-5366~7
팩   스 031-925-5368
E-mail   Provence70@naver.com
등록번호 제313-제10-1975호
등   록 2009년 6월 9일
I S B N 978-89-89239-78-9 (13710)

값 12,000원
파본은 구입처나 본사에서 교환해드립니다.

전국 한자능력 검정시험 5급

김귀선 지음

이 책을 펴내면서

대부분의 사람들은 한자를 배웠지만 쉽게 기억되지 않고 기억되었다 하더라도 쉽게 잊어버리는 경향 있고 대학을 나온 어른들마저 어려워하시는 경우를 종종 보아왔습니다. 그래서 어떻게 하면 쉽게 기억 할 수 있을까를 고민하다가 남녀노소 누구에게나 친숙한 방식인 이야기식 한자라면 좋겠다 싶어 만들게 되었습니다.

물론 한자가 만들어진 의미나 배경 그 시대를 온전히 이해하기란 한계가 있을 수밖에 없겠습니다만 적어도 우리말의 약70%정도가 한자이고 보니 어려워도 안할 수가 없고 또한 우리말의 상당부분의 말들이 한자의 의미를 알면 그 말의 의미나 뜻도 잘 알 수 있기 때문입니다.

이야기식으로의 스토리를 만들어 되도록 현재적인 의미와 상황으로 연출하려하였으며 학습자가 학습하시고 오래토록 기억하기 쉽게 만들고자 노력하였습니다.

교재가 점점 두꺼워지고 그에 비례하여 가격대가 올라가 부담이 가중 되었던 것도 사실입니다. 그래서 이번에 만들어진 교재는 불필요한 부분을 과감히 삭제하여 각권의 들어가 있는 배정한자의 한도 내에서 다루어졌음을 알려드립니다. 우리에게 친숙한 단어를 사용하고자 했으며 예전에 사용하였지만 요즘 현대에 와서는 거의 사용하지 않는 어려운 단어를 쉽게 해석하려 노력하였습니다.

또한 이 책에서는 한자를 해석하는데 필요한 부수들을 넣어 한자의 이해를 도왔으며 예상문제를 비롯한 복습을 위한 써보기 문제와 특별히 한자어문회에서 제공되어지는 년도 별 실제수록문제인 기출문제를 각각 3회씩 교재의 뒷면에 실어 미리 실전문제를 접하여 봄으로서 시험응시에 대하여 막연한 불안감을 해소시키고 자신감을 높여 시험에 무리 없이 응시할 수 있도록 하였습니다.

한자어문회에서 제공되어지는 문제 중에 5급 문제와 5급Ⅱ의 문제를 한 묶음으로 묶어 5급으로 출제하였음을 알려드립니다. 다시 말하면 5급 교재 안에 모두 포함되어 있어서 본 교재를 충실하게 하신다면 합격하시는 데에 큰 무리가 없을 것이며 실생활에서 학습내용이 기억에 남아 평생 사용하시는 데 이로울 것입니다. 전단계의 한자를 충분히 숙지하신 연 후에 본 교재를 학습하신다면 훨씬 도움이 될 것입니다.

김 귀 선

전국한자능력검정시험에 대해

Q&A
전국한자능력검정시험이란?

전국한자능력검정시험(全國漢字能力檢定試驗)은 사단법인 한국어문회가 주관하여 한국한자능력검정회가 1992년 12월 19일 3회 시험을 시행한 이래 매년 3회의 시험을 시행하는 국내 최고의 한자능력검정시험이다.

전국한자능력검정시험은 시행 이래 현재까지 꾸준한 발전을 거듭하였고, 2001년 1월 1일자로 교육인적자원부의 "국가공인자격증"으로 인증받음으로써, 한자 학습자의 학습 의욕을 한층 고취시켰다. 전국한자능력검정시험은 개인별 한자능력에 대한 객관적인 급수 평가가 부여될뿐 아니라 사회적으로도 한자능력 우수인재를 양성함에 목적이 있다.

전국한자능력검정시험은 8급에서 4급까지를 교육급수로, 3급에서 1급까지를 공인급수로 구분하고 있으며, 시험에 합격한 초·중·고 재학생은 그 내용이 수행평가 및 생활기록부에 등재되고, 대학 수시 모집 및 특기자 전형지원, 대입 면접 가산·학점 반영·졸업 인증 등의 혜택이 주어지고, 기업체에서는 입사·승진·인사고과 등에 반영이 되고있다.

유형별 출제 기준표

문제유형	8급	7급	6급 II	6급	5급	4급 II	4급	3급 II	3급	2급	1급
독음	24	32	32	33	35	35	30	45	45	45	50
훈음쓰기	24	30	29	22	23	22	22	27	27	27	32
한자쓰기	0	0	10	20	20	20	20	30	30	30	40
장단음	0	0	0	0	0	0	5	5	5	5	10
반의어 / 상대어	0	2	2	3	3	3	3	10	10	10	10
완성형	0	2	2	3	4	5	5	10	10	10	15
부수	0	0	0	0	0	3	3	5	5	5	10
동의어 / 유의어	0	0	0	2	3	3	3	5	5	5	10
동음이의어	0	0	0	0	0	0	3	5	5	5	10
뜻풀이	0	2	2	2	3	3	3	5	5	5	10
필순	2	2	3	3	3	0	0	0	0	0	0
약자	0	0	0	0	3	3	3	3	3	3	3
읽기 배정한자수	50	150	300	300	500	750	1,000	1,400	1,817	2,355	3,500
쓰기 배정한자수	없음	없음	50	150	300	400	500	750	1,000	1,817	2,005

※ 쓰기 배정한자는 한 두 급수 아래의 읽기 배정한자이거나 그 범위 내에 있음.
※ 위의 출제 기준표는 기본지침자료로서, 출제 의도에 따라 변동이 있을 수 있음.

급수별 합격 기준표

구분	8급	7급	6급 II	6급	5급	4급 II	4급	3급 II	3급	2급	1급
총문항수	50	70	80	90	100	100	100	150	150	150	200
시험시간(분)	50	50	50	50	50	50	50	60	60	60	90
합격점	35	49	56	63	70	70	70	105	105	105	160

※ 1급은 출제 문항수의 80%이상, 기타 급수는 70% 이상 득점이면 합격.

전국한자능력검정시험에 대해

급수별 배정한자의 수준 및 특성

구분	급수	수준 및 특성	대상 기준
교육급수	8급	읽기 50자, 쓰기 없음 유치원생이나 초등학생의 학습동기 부여를 위한 급수	초등학교 1학년
	7급	읽기 150자, 쓰기 없음 한자공부를 처음 시작하는 분을 위한 초급단계	초등학교 2학년
	6급 Ⅱ	읽기 300자, 쓰기 50자 한자 쓰기를 시작하는 첫 급수	초등학교 3학년
	6급	읽기 300자, 쓰기 150자 기초 한자 쓰기를 시작하는 급수	초등학교 3학년
	5급	읽기 500자, 쓰기 300자 학습용 한자 쓰기를 시작하는 급수	초등학교 4학년
	4급 Ⅱ	읽기 750자, 쓰기 400자 5급과 4급의 격차를 해소하기 위한 급수	초등학교 5학년
공인급수	4급	읽기 1,000자, 쓰기 500자 초급에서 중급으로 올라가는 급수	초등학교 6학년
	3급 Ⅱ	읽기 1,400자, 쓰기 750자 4급과 3급의 격차를 해소하기 위한 급수	중학생
	3급	읽기 1,817자, 쓰기 1000자 신문 또는 일반 교양어를 읽을 수 있는 수준	고등학생
	2급	읽기 2,355자, 쓰기 1,817자 상용한자 외에 인명·지명용 한자를 활용할 수 있는 수준	대학생·일반인
	1급	읽기 3,500자, 쓰기 2,005자 국한 혼용문을 불편없이 읽고 한문 원전을 공부할 수 있는 수준	전문가·일반인

우대사항

급수	효력	생활기록부 기재란	관련 규정
1급 ~ 3급	국가공인자격증	'자격증'란	교육부 훈령 제 616호 11조
4급 ~ 8급	민간자격증	'세부사항'란	교육부 훈령 제 616호 18조

※ 생활기록부의 '세부사항' 등재(4급Ⅱ~8급)는 교육부 훈령의 권장사항으로, 각급 학교 재량에 따릅니다.

합격기준

구분	8급	7급	6급Ⅱ	6급	5급	4급Ⅱ	4급	3급Ⅱ	3급	2급	1급
출제문항수	50	70	80	90	100	100	100	150	150	150	200
합격문항수	35	49	56	63	70	70	70	105	105	105	160

※ 1급은 출제 문항수의 80%이상, 2급~8급은 70%이상 득점하면 합격입니다.

시험시간

구분	8급	7급	6급Ⅱ	6급	5급	4급Ⅱ	4급	3급Ⅱ	3급	2급	1급
시험시간	50분							60분			90분

※ 응시 후 시험 시간 동안 퇴실 가능 시간의 제한은 없습니다.
※ 시험 시작 20분 전까지 고사실에 입실하여야 합니다.

한자의 3요소(특징)

우리 한글은 소리 글자 (표음문화)인 반면, 한자(漢字)는 뜻 글자(표의문자)이다.
이를테면, 우리말은 '나무'란 뜻을 가진 말을 나타낼 때는 '나무'라는 모양으로 쓰고 또 소리도 '나무'라고 읽는다. 그러나, 한자에서는 우선 '木'과 같은 모양으로 쓰고, '목'이라고 읽으며 '나무'란 뜻으로 새긴다. 이처럼 모든 한자는 글자마다 일정한 모양·소리·뜻을 갖추고 있어서 한자 공부라고 하면 이 세가지를 한 덩어리로 동시에 익히는 일이다.

1 한자의 모양(形)

한자가 지닌 일정한 모양으로, 다른 글자와 구별되는 요소이다.
'人'과 '木'자처럼 '사람'이나 '나무' 모양을 본뜬 그림이 발전하여 일정한 모양을 갖는 글자도 있고, 또한 '人(인 : 사람)'과 '木(목 : 나무)'이 서로 결합하여 '休(휴 : 쉬다)'자와 같이 두자 이상이 모여 이루어진 글자도 있다.

2 한자의 소리(音)

'木'을 어떻게 읽는가 하는것이 '음'이다. 이 글자는 음이 '목'이고, '나무'란 뜻이다.
한자도 1자 1음이 원칙이기는 하나, 1자 2음, 또는 1자 3음도 있다. 예를 들면 '樂'자를 '락'이라고 읽으면 '즐겁다'는 뜻이지만, '악'이라고 읽으면 '노래'란 뜻이 되고, '요'라고하면 '좋아하다'의 뜻이 된다.

3 한자의 뜻(義)

의(義)를 우리말로는 '뜻'이라고 하고, 이 한자의 뜻을 우리말로 새긴 것을 훈(訓)이라고 한다. 한자는 뜻 글자이기 때문에 제각기 고유한 뜻을 지니고 있는데, 인류의 문화가 날로 발달하고 사회가 복잡해지면서 한자의 뜻도 이에 따라 차츰 그뜻이 갈려나가 10여가지나 되는 것도 있다. 이를테면 '日'자가 어떤 때는 '해'이고 또 어떤경우에는 '날'의 뜻이 되는가를 한자어나 한문의 문맥에 따라 그때 그때 익혀야한다.

한자의 부수(部首)

부수란 자전(字典)이나 옥편(玉篇)에서 글자를 찾는 데 편리하도록 필요한 길잡이 역할을 하는 기본 글자를 말한다.

한자의 부수 글자는 1획에서 17획까지 모두 214자이고, 한 글자의 일정한 위치에만 쓰이는 것도 있고, 여러 자리에 들어가서 쓰이는 것도 있다. 또한 부수가 놓이는 자리에 따라 그 모양이 바뀌는 것도 있다. 예를 들면 '手(손 수)'가 '변'의 자리에 쓰일 경우 '扌(재방변)'으로 바뀌는 따위이다.

● 변 仁
한자의 왼쪽에 위치한 부수를 '변'이라고 한다.
사람인변(亻), 이수변(冫), 두인변(彳), 심방변(忄), 재방변(扌), 삼수변(氵), 개사슴록변(犭), 좌부변(阝) 등
예 仁, 冷, 役, 性, 技, 法, 狂, 防 등

● 방 利
한자의 오른쪽에 위치한 부수를 '방'이라고 한다.
칼도방(刂), 병부절(卩), 우부방(阝) 등
예 利, 印, 郡 등

● 머리 冠
한자의 위쪽에 위치한 부수를 '머리'라고 한다.
돼지해머리(亠), 민갓머리(冖), 갓머리(宀), 초두머리(艹), 필발머리(癶), 비우(雨), 대죽머리(⺮), 손톱조(爪) 등
예 交, 冠, 家, 草, 發, 答, 雷, 爭 등

● 엄 原
한자의 위에서 왼쪽 아래로 걸쳐진 부수를 '엄'이라고 한다.
민엄호(厂), 주검시엄(尸), 엄호(广), 범호엄(虍) 등
예 虎, 原, 居, 店 등

● 발 無
한자의 밑에 위치한 부수를 '발'이라고 한다.
어진사람인발(儿), 연화발(灬) 등
예 등

● 받침 延
한자의 왼쪽에서 아래로 걸친 부수를 '받침'이라고 한다.
민책받침(廴), 책받침(辶) 등
예 延, 近 등

● 에울몸 國
한자의 전체를 에워싸고 있는 부수를 '에울몸'이라고 한다.
위튼입구몸(凵), 터진입구몸(匸), 큰입구몸(囗) 등
예 凶, 區, 國 등

● 제부수 龍
그 한자의 자체가 부수인 것을 '제부수'라고 한다.
예 土, 父, 生, 立, 金, 黑, 龍 등

한자의 육서(문자의 구조)

한자는 일정한 모양과 소리, 뜻 이 세가지의 요소로 이루어지며 이러한 일정한 원칙과 원리를 六書(육서)라 한다. 육서의 종류에는 상형문자, 지사문자, 형성문자, 회의문자, 전주문자, 가차문자로 이루어져 있고, 한자의 90%가 지사자나 상형자를 조합하여 만들어졌다.

- **상형(相形)** 모양을 그대로 본뜨거나 특징을 잡아서 만든 글자이다.
  예) 日(날 일)   禾(벼 화)   月(달 월)

- **지사(支社)** 눈으로 직접 볼 수 없는 추상적인 개념의 글자이다.
  예) 上(윗 상)   下(아래 하)

- **형성(形成)** 한자의 한 부분은 의미가 들어 있고 다른 부분은 소리를 내어 주는 글자이다.
  예) 江(강 강)   河(물 하)   明(밝을 명)   林(수풀 림)

- **회의(會議)** 두 개의 글자가 모여서 새로운 의미의 전혀 다른 글자가 만들어지는 글자이다.
  예) 信(믿을 신)   孝(효도 효)   功(공 공)

- **전주(轉注)** 원래의 글자에서 의미가 점점 확대되어 한 글자 안에 여러 가지의 뜻을 담게 한 글자이다.
  예) 考(생각할 고)   老(늙을 로)   樂(노래 악)   惡(악할 악)

- **가차(假借)** 원래 없던 글자를 거짓으로 빌려와서 원래의 뜻과 상관없이 음만 빌려서 사물을 표현한 글자이다.
  예) 令(하여금 령)   長(긴 장)   基督(기독)   巴利(파리)

한자의 필순

한자의 필순이란 한자를 쓸 때 순서나 차례에 맞게 써내려 가는 것을 말한다. 글자의 순서나 쓰임새 모양을 제대로 알고 쓰면 기억하기 쉽고 글자를 바르게 쓸 수가 있다.

1 왼쪽에서 오른쪽으로 차례대로 쓴다.

川(내 천) → ノ 川 川

2 위에서 아래로 써내려 간다.

三(석 삼) → 一 二 三

3 가운데를 먼저 쓴다.

水(물 수) → 亅 水 水 水

4 가로획을 먼저 긋고 난 후 쓴다.

木(나무 목) → 一 十 木 木

5 몸이나 바깥쪽을 먼저 쓴다.

四(넉 사) → 丨 冂 冂 四 四

6 점은 맨 나중에 찍는다.

犬(개 견) → 一 ナ 大 犬

7 가운데를 꿰뚫어 긋는다.

中(가운데 중) → 丨 冂 口 中

자전(字典)에서 한자를 찾는 법

※ **자전이란** : 한자의 음(音)과 훈(訓)을 해석한 책으로 옥편(玉篇)이라 한다. 한자의 사전이라고 보면 된다.

1 음으로 찾기

찾고자 하는 한자의 음(音)을 알면 자음 색인에서 국어사전의 경우처럼 ㄱ ㄴ ㄷ ㄹ ㅁ…의 순으로 찾으면 된다.

예 弟(아우 제)의 음인 '제'를 자음 색인에서 찾는다.

2 부수로 찾기

찾고자 하는 한자의 부수(한자의 글자에서 대표로 뜻을 갖는 글자)를 알면 그 부수를 획수별로 구분되어 있는 부수 색인에서 찾은 뒤 부수를 제외한 나머지 획수를 세어 찾는다.

예 弟(아우 제)의 부수인 '弓(활 궁)'의 3획을 부수 색인에서 찾는다.

3 총획수로 찾기

찾고자 하는 한자의 음과 부수 모두 모를 경우는 필순의 원칙에 맞게 정확한 총획수를 세어 총획 색인에서 찾는다.

예 弟(아우 제)의 총획수인 7획을 총획 색인에서 찾는다.

목차

이 책을 펴내면서 · 4

전국한자능력검정시험에 대해 · 5

한자의 3요소(특징) · 10

한자의 부수 · 11

한자의 육서 · 12

자전에서 한자를 찾는 법 · 15

한자능력검정시험 5급 배정한자 175자 · 18

5급 한자 해석에 사용된 부수 글자 · 68

5급 한자 써보기 · 정답 · 76

5급 예상 · 기출문제 · 96

사자성어 · 130

한자능력검정시험 5급

價 값 가	感 느낄 감	格 격식 격	加 더할 가	可 옳을 가
健 굳셀 건	建 세울 건	件 사건 건/물건 건	去 갈 거	客 손 객
擧 들 거	改 고칠 개	見 볼 견	決 결단(터질) 결	結 맺을 결
敬 공경 경	景 볕 경	輕 가벼울 경	競 다툴 경	曲 굽을 곡
固 굳을 고	考 생각(상고)할 고	告 고할(알릴) 고	課 공부할 과/과정 과	過 지날 과
關 관계할 관	觀 볼 관	局 판 국	救 구원할 구	具 갖출 구
舊 옛(옛날) 구	矯 다리 교	貴 귀할 귀	規 법 규	給 줄 급
吉 길할 길	期 기약할 기	汽 물끓는김 기/김 기	技 재주 기	基 터 기
己 몸 기	念 생각 념	能 능할 능	團 둥글 단	壇 단 단
德 큰 덕	當 마땅할 당/당당할 당	談 말씀 담	到 이를 도	島 섬 도

⟨배정 한자 총 **175** 자⟩

都 도읍 도	獨 홀로 독	良 좋을(어질) 량	冷 찰 냉	朗 밝을 랑
落 떨어질 락	量 헤아릴 량	旅 나그네 려	歷 지날 력	練 익힐 련
領 거느릴 령	令 하여금 령	陸 뭍 육	買 살 매	賣 팔 매
望 바랄 망	流 흐를 류	類 무리 류	料 헤아릴 료	勞 일할 로
黑 검을 흑	馬 말 마	末 끝 말	凶 흉할 흉	美 아름다울 미
反 돌이킬 반	兵 병사 병	變 변할 변	法 법 법	倍 곱 배
奉 받들 봉	福 복 복	比 견줄 비	士 선비 사	仕 섬길 사
氷 얼음 빙	費 쓸 비	鼻 코 비	史 사기 사	思 생각할 사
寫 베낄 사	査 조사할 사	産 낳을 산	相 서로 상	商 장사 상
賞 상줄 상	序 차례 서	性 성품 성	束 묶을 속	洗 씻을 세

5급

한자능력검정시험 5급

歲 해 세	首 머리 수	宿 잘 숙	順 순할 순	示 보일 시	識 알 식
臣 신하 신	案 책상 안	惡 악할 악	兒 아이 아	實 열매 실	約 맺을 약
養 기를 양	魚 고기 어	漁 고기잡을 어	屋 집 옥	葉 잎 엽	熱 더울 열
億 억 억	完 완전할 완	要 요긴할 요	曜 빛날 요	浴 목욕할 욕	用 쓸 용
雨 비 우	友 벗 우	牛 소 우	雲 구름 운	雄 수컷 웅	元 으뜸 원
願 원할 원	原 언덕 원	偉 클 위	位 자리 위	院 집 원	任 맡길 임
因 인할 인	以 써 이	赤 붉을 적	的 과녁 적	貯 쌓을 저	爭 다툴 쟁
再 두 재	災 재앙 재	材 재목 재	典 법 전	傳 전할 전	展 펼 전
節 마디 절	切 끊을 절	店 가게 점	情 뜻 정	停 머무를 정	調 고를 조
操 잡을 조	週 돌 주	罪 허물 죄	終 마칠 종	種 씨 종	卒 마칠 졸

〈배정 한자 총 **175** 자〉

州 고을 주	止 그칠 지	質 바탕 질	鐵 쇠 철	責 꾸짖을 책
唱 부를 창	參 참여할 참/석 삼	初 처음 초	最 가장 최	祝 빌 축
充 찰 충	致 보낼 치/이를 치	則 법칙 칙	打 칠 타	他 다를 타
品 물건 품	寒 찰 한	河 물 하	筆 붓 필	害 해할 해
許 허락할 허	湖 호수 호	化 될 화	患 근심 환	效 본받을 효

5급

한자능력검정시험 5급

값 가

| 총획 | 15획 | 뜻 | 값, 값어치, 가격, 값지다 |

값을 말한다. 亻(사람인)사람이 물건 賈(값가)값을 매기다.

● 사자성어
評價(평가), 物價(물가), 價格(가격)

● 쓰기순서
丿 亻 亻 仁 仁 们 们 们 俨 俨 價 價 價 價 價

느낄 감

| 총획 | 13획 | 뜻 | 느끼다, 생각하다, 감응하다 |

느끼다의 뜻이다. 정성을 咸(다함)다하면 心마음으로 느낀다.

● 사자성어
感情(감정), 感染(감염), 多情多感(다정다감)

● 쓰기순서
丿 厂 厂 厂 厄 咸 咸 咸 咸 感 感 感

격식 격

| 총획 | 10획 | 뜻 | 격식, 법식, 자리, 인격 |

격식을 말한다. 木나무 공예품을 各(각각각)각각 격식에 맞게 꾸미다.

● 사자성어
字格(자격), 格物致知(격물 치지), 性格(성격)

● 쓰기순서
一 十 才 木 木 杓 杓 柊 格 格

더할 가

| 총획 | 5획 | 뜻 | 더하다, 가하다, 붙이다 |

더하다의 뜻이다. 口입으로 먹어 力 힘이 더하다.

● 사자성어
參加(참가), 加熱(가열), 雪上加霜(설상가상), 追加(추가)

● 쓰기순서
フ 力 力 加 加

| 총획 | 5획 | | 뜻 | 옳다, 들어주다, 허락하다

옳다의 뜻이다. 丁농기구로 땅을 일구어 땀 흘리고 口먹는 것은 지극히 옳은 일이다. (丁 고무래정은 농기구를 말한다.)

● 사자성어
不問可知(불문가지), 燈火可親(등화가친), 可能性(가능성), 不可避(불가피)

● 쓰기순서
一 丁 丆 可 可

옳을 가

| 총획 | 9획 | | 뜻 | 세우다, 일으키다

세우다는 뜻이다. 廴(길게걸을인)긴 聿(붓율)붓을 세우다.

● 사자성어
建物(건물), 建築(건축), 建設(건설)

● 쓰기순서

세울 건

| 총획 | 11획 | | 뜻 | 굳세다, 강건하다

굳세다의 뜻이다. 亻사람이 안전한 건물을 굳세게 建(세울건)세우다.
(人사람인이 측면에 올때 亻변형됨)

● 사자성어
健剛(건강), 健康保險(건강보험), 保健福祉部(보건복지부)

● 쓰기순서

굳셀 건

| 총획 | 6획 | | 뜻 | 사건, 물건

사건을 말한다. 牛(소우)소가 죽으면 시골 亻(사람인)사람들에게는 큰 사건이다.

● 사자성어
事件(사건), 物件(물건), 與件(여건)

● 쓰기순서

사건 건/물건 건

5급

| 총획 | 5획 | 뜻 | 가다, 버리다, 가버리다 |

가다의 뜻이다. 土땅을 厶(스스로사)스스로 걸어가다.

● 사자성어
去頭截尾(거두절미), 過去(과거), 去取(거취)

● 쓰기순서
一 十 土 去 去

| 총획 | 9획 | 뜻 | 손님, 객 |

손님을 말한다. 宀(집면)집에 各(각각)각각 따로 오신 손님.

● 사자성어
孤客(고객), 乘客(승객), 觀光客(관광객)

● 쓰기순서
丶 丶 宀 宀 宀 安 安 客 客

| 총획 | 18획 | 뜻 | 들다, 들어 올리다, 추천하다 |

들다의 뜻이다 手(손수)손으로 사람들과 與(더불어여)더불어 물건을 들다.

● 사자성어
選擧(선거), 擧論(거론), 科擧(과거), 輕擧妄動(경거망동), 一擧兩得(일거양득)

● 쓰기순서
丶 ʹ ʹ ʹ ʹ ʹ ʹ ʹ 與 與 與 與 舉 舉 擧 擧

| 총획 | 7획 | 뜻 | 고치다, 바꾸다 |

고치다의 뜻이다. 습관을 己(자기기)자기 스스로 攵(칠복)채찍질해가며 고치다.

● 사자성어
改革(개혁), 改善(개선), 改過遷善(개과천선)

● 쓰기순서
一 フ 己 己 改 改 改

| 총획 | 7획 | 뜻 | 보이다, 보다, 나타나다

보다는 뜻이다. 儿사람이 目눈으로 주변을 보다. (儿=人=亻)

● 사자성어
意見(의견), 發見(발견), 偏見(편견), 見解(견해)

● 쓰기순서
丨 冂 冂 月 目 貝 見

| 총획 | 7획 | 뜻 | 결단, 결단하다, 결정하다, 터지다

결단하다의 뜻이다. 氵물이 넘쳐 흐르기 전에 결단하여 수문을 夬(터놓을쾌)터놓다.

● 사자성어
解決(해결), 判決(판결), 決定(결정)

● 쓰기순서
丶 冫 氵 冮 江 決 決

| 총획 | 12획 | 뜻 | 맺다, 매다, 맺어지다, 단단히 매다

맺는다는 말이다. 糸실로 吉길한 연을 맺는다. (혼인에 청실, 홍실을 사용)
(糸실사, 吉길할길)

● 사자성어
結果(결과), 解決(해결), 妥結(타결), 結草報恩(결초보은), 結者解之(결자해지)

● 쓰기순서
㇀ 㓁 㓁 幺 幺 糸 糽 紅 結 結 結 結

| 총획 | 13획 | 뜻 | 공경, 공경하다, 정중하다

공경하다의 뜻이다. 艹난을 攵치고 句글을 훌륭하게 쓰는 작가를 공경하다.
(艹풀과의 식물을 모두 포함, 攵칠복, 句글귀구)

● 사자성어
恭敬(공경), 敬請(경청), 敬老(경로)

● 쓰기순서
丨 艹 艹 芍 芍 苟 苟 苟 茍 敬 敬 敬 敬

볕 경

| 총획 | 12획 | 뜻 | 햇볕, 해, 햇빛, 태양, 빛나다

햇볕을 말한다. 京(서울경)서울 하늘에 日 매일 햇볕이 든다.

● 사자성어
景致(경치), 背景(배경), 景氣(경기), 風景(풍경)

● 쓰기순서
丨 冂 冂 日 日 旦 星 昱 昱 景 景 景

가벼울 경

| 총획 | 14획 | 뜻 | 가볍다, 가벼이 여기다

가볍다는 뜻이다. 巠(물길경)물길에 떠내려가는 車(수레차)수레는 가볍다.

● 사자성어
輕視(경시), 輕薄(경박), 輕率(경솔)

● 쓰기순서
一 ㄅ ㅁ 盲 盲 車 車 車 軒 輕 輕 輕 輕

다툴 경

| 총획 | 20획 | 뜻 | 다투다, 겨루다

다투다의 뜻이다. 사람들은 떼로 竞(다툴경)다투고 다투다.

● 사자성어
競爭(경쟁), 競起(경기), 競爭力(경쟁력), 競賣(경매)

● 쓰기순서
丶 ㅗ 立 产 产 音 音 竟 竟 竟 竞 竞 竞 競 競 競 競

굽을 곡

| 총획 | 6획 | 뜻 | 굽다, 굽히다, 바르지 않다

굽다의 뜻이다. 시골길이 굽이굽이 굽다. (밭이나 길이 굽은 모양)

● 사자성어
歪曲(왜곡), 懇曲(간곡), 戲曲(희곡), 坊坊曲曲(방방곡곡)

● 쓰기순서
丨 冂 冂 曲 曲 曲

굳을 고

| 총획 | 8획 | 뜻 | 굳다, 굳히다, 단단하다

굳다는 뜻이다. 口 네모난 틀에 古(옛고)오래 묵은 기름이 굳다.

● 사자성어
固執(고집), 堅固(견고), 確固不動(확고부동)

● 쓰기순서
丨 冂 冂 冋 囙 周 固 固

상고할 고

| 총획 | 6획 | 뜻 | 생각하다, 헤아리다, 살펴보다, 상고하다

생각하다는 뜻이다. 耂(늙을로)늙을수록 지혜롭게 丂 다섯 번 생각하다.

● 사자성어
考慮(고려), 思考(사고), 參考(참고), 再考(재고)

● 쓰기순서
一 十 土 耂 耂 考

알릴 고

| 총획 | 7획 | 뜻 | 고하다, 알리다, 발표하다, 뵙고 청하다

알리다의 뜻이다. 口 먹지 않는 牛 소를 수의사에게 알리다.

● 사자성어
廣告(광고), 警告(경고), 申告(신고), 報告(보고), 告別(고별)

● 쓰기순서
丿 匕 牛 生 牛 告 告

공부할 과

| 총획 | 15획 | 뜻 | 공부하다, 시험, 과목

공부하다의 뜻이다. 선생님의 言(말씀언)말씀을 듣고 果(과실과)과일나무에 대하여 공부하다.

● 사자성어
課稅(과세), 賦課(부과), 課題(과제)

● 쓰기순서
丶 亠 亠 言 言 言 言 訁 訁 訁 課 課 課

5급

지날 과

| 총획 | 13획 | 뜻 | 지나치다, 경과하다, 초과하다 |

지나가다의 뜻이다. 咼(입삐뚤괘)입이 삐뚤어진 사람이 지나 辶가다.

● 사자성어
過猶不及(과유불급), 改過遷善(개과천선), 謝過(사과), 過猶不及(과유불급)

● 쓰기순서
丨 冂 冂 冋 冎 呙 咼 咼 咼 ᵃ過 過 過 過

관계할 관

| 총획 | 19획 | 뜻 | 관계, 관계하다, 주고 받다 |

관계를 맺다. 門(문문)가문과의 䜌(연이을련)연을 이어 관계맺다.
(門 가문의 뜻도 있다.)

● 사자성어
關係者(관계자), 關聯(관련), 機關(기관), 關係者(관계자), 吾不關焉(오불관언)

● 쓰기순서
丨 丨' 丨ᵗ 丨ᵗ 丨ᵗ' 門 門 門 門 門 門 閂 閅 閖 関 關 關 關

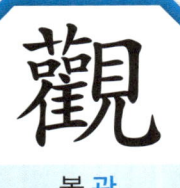
볼 관

| 총획 | 25획 | 뜻 | 보다, 관람하다, 보이다 |

보다의 뜻이다. 雚(황새관)황새의 무리를 見(볼견)보다.

● 사자성어
觀光(관광), 觀測(관측), 客觀的(객관적), 袖手傍觀(수수방관)

● 쓰기순서
丶 丶 丷 ᵗ艹 ᵗ艹 艹 艹 艹 艹 苩 苩 崋 崋 崋 華 雈 雚 雚 雚ᵖ 雚ᵖ 觀 觀 觀 觀

판 국

| 총획 | 7획 | 뜻 | 바둑판, 장기판, 모임 |

판을 말한다. 바둑판을 장기처럼 네모난 판자에 尸주검을 넣고 句글귀를 적어넣다.

● 사자성어
結局(결국), 當局(당국), 當局者(당국자), 局面(국면)

● 쓰기순서
丁 コ 尸 月 局 局 局

| 총획 | 11획 | 뜻 | 구원, 구원하다, 건지다

구원하다의 뜻이다. 채찍으로 攵(칠복)치고 십자가 형틀에 못 박혀 예수 그리스도가 인류를 求(구원할구)구원하다.

● 사자성어
救濟(구제), 救恤(구휼), 救出(구출), 救助(구조)

● 쓰기순서
一 十 十 才 求 求 求 求 救 救 救

| 총획 | 8획 | 뜻 | 갖추다, 갖추어 놓다, 구비하다

갖추다의 뜻이다. 且(또차)또 八(여덟팔)여덟개의 물건을 갖추다.

● 사자성어
道具(도구), 具備(구비), 具現(구현)

● 쓰기순서
丨 冂 冂 月 目 且 具 具

옛 구

| 총획 | 18획 | 뜻 | 예, 옛것, 오래 묵은 것

옛것을 말한다. 艹풀과 隹(새추)새와 臼(절구구)절구는 오래 전부터 있어 온 옛 것이다.

● 사자성어
親舊(친구), 復舊(복구), 送舊迎新(송구영신)

● 쓰기순서
丨 丨 艹 艹 芢 芢 芢 萑 萑 萑 舊 舊 舊 舊 舊 舊

| 총획 | 16획 | 뜻 | 다리, 교량, 선반

다리를 말한다. 木(나무목)나무로 高(높을고)높게 다리놓다.

● 사자성어
架橋(가교), 橋梁(교량), 板橋(판교)

● 쓰기순서
一 十 才 木 术 杧 杧 杯 桥 桥 橋 橋 橋 橋 橋

귀할 귀

| 총획 | 12획 | 뜻 | 귀하다, 신분이 높다, 값이 비싸다

귀하다의 뜻이다. 반지 中 가운데 솟은 一보석이나 貝(조개패)재물은 귀하다. (貝 조개패, 돈, 재물, 화폐)

● 사자성어
富貴榮華(부귀영화), 貴中(귀중), 貴族(귀족), 貴下(귀하)

● 쓰기순서
丶 口 口 中 虫 虫 虫 虫 虫 虫 貴 貴

법규 규

| 총획 | 11획 | 뜻 | 법, 법칙, 바로잡다, 모범

법규를 말한다. 주로 夫(지아비부)지아비들인 남자들이 법에 관여하여 일을 見(볼견)보아왔다.

● 사자성어
規模(규모), 規程(규정), 規制(규제)

● 쓰기순서
一 二 丰 夫 丰 刲 刲 刲 規 規 規

줄 급

| 총획 | 12획 | 뜻 | 주다, 공급, 공급하다, 더하여주다

주다의 뜻이다. 糸 실을 合(합할합)합하여 동양매듭을 만들어 주다.

● 사자성어
給馬下送(급마하송), 給事(급사)

● 쓰기순서
丿 幺 幺 乡 乡 糸 糹 紒 紒 給 給 給

길할 길

| 총획 | 6획 | 뜻 | 길하다, 좋은 징조, 상서롭다, 운이 좋다

길하다는 뜻이다. 士(선비사)선비들이 口(입구)입으로 말하는 덕담이 길하다.

● 사자성어
吉凶(길흉), 吉凶禍福(길흉화복), 立春大吉(입춘대길), 半凶半吉(반흉반길)

● 쓰기순서
一 十 士 吉 吉 吉

| 총획 | 12획 | 뜻 | 기약하다, 약속하다, 기다리다 |

기약하다의 뜻이다. 其(그기)그 月달밤에 기약하다.

● 사자성어
期待(기대), 期間(기간), 時期(시기)

● 쓰기순서
一 十 卄 廿 甘 甘 其 其 期 期 期 期

| 총획 | 7획 | 뜻 | 물 끓는다, 김, 수증기 |

물 끓다의 뜻이다. 气(기운기)기운차게 氵물이 끓다.

● 사자성어
汽車(기차), 汽笛(기적)

● 쓰기순서
丶 丶 氵 汽 汽 汽 汽

| 총획 | 7획 | 뜻 | 손수, 재주, 솜씨, 기질, 재간둥이 |

재주를 말한다. 扌손으로 支지탱하며 재주부리다. (扌=手)

● 사자성어
技術(기술), 競技(경기), 特技(특기)

● 쓰기순서
一 十 扌 扌 扩 抆 技

| 총획 | 11획 | 뜻 | 터, 기초, 토대, 근본 |

터를 말한다. 其(그기) 그 土땅위에 터 잡다.

● 사자성어
基準(기준), 基礎(기초), 基本(기본)

● 쓰기순서
一 十 卄 廿 甘 甘 其 其 其 基 基

몸 기

|총획| 3획　|뜻| 몸, 자기, 자기 자신

몸을 말한다. 몸을 구부려 무릎으로 앉아 있는 모양.

● 사자성어
知彼知己(지피지기), 自己(자기), 利己心(이기심), 克己復禮(극기복례)

● 쓰기순서
フ コ 己

생각 념

|총획| 8획　|뜻| 생각, 생각하다, 암송, 기억하다

생각하다의 뜻이다. 今(이제금)이제 心(마음심)마음으로 생각하다.

● 사자성어
槪念(개념), 記念(기념), 理念(이념), 留念(유념)

● 쓰기순서
ノ 人 人 今 今 念 念 念

능할 능

|총획| 10획　|뜻| 능력, 능하다, 능히 해 보이다, 할 수 있다

능하다의 뜻이다. 정육점 주인은 月(고기육)고기를 날카로운 匕匕(비수비)비수로 厶사사로이 잘라 쓰는 데 능하다.

● 사자성어
能力(능력), 可能性(가능성), 無所不能(무소불능)

● 쓰기순서
厶 厶 ㄅ 肻 肻 肻 能 能 能

둥글 단

|총획| 14획　|뜻| 둥글다, 둥근, 모이다

둥글다는 뜻이다. 동그라미는 專(오로지전)오로지 囗 둥글다.
(囗 둥글다 역시 네모로 표현됨)

● 사자성어
團體(단체), 團束(단속), 集團(집단)

● 쓰기순서
丨 冂 冂 冂 同 同 固 固 團 團 團 團 團 團

|총획| 16획 |뜻| 단, 제단, 번제 단, 강단

단을 말한다. 土흙으로 亶(단단)단 쌓다.

● 사자성어
講壇(강단), 祭壇(제단), 壇上(단상)

● 쓰기순서
一 十 土 圡 圹 圹 圹 坭 坮 壇 壇 壇 壇 壇

|총획| 15획 |뜻| 크다, 덕, 덕으로 여기다, 은혜

큰 덕을 말한다. 굶주림에 지쳐 彳조금씩 걸어가는 사람에게 悳(클덕)큰 덕을 베풀다.

● 사자성어
道德(도덕), 德談(덕담), 背恩忘德(배은망덕)

● 쓰기순서
丿 彳 彳 彳 彳 衤 徝 徝 德 德 德 德 德

|총획| 13획 |뜻| 마땅, 마땅하다, 주관하다

마땅하다의 뜻이다. 田밭을 처음으로 사서 일구게 된 사람이 尙자랑하는 것은 마땅하다. (尙 오히려상, 자랑)

● 사자성어
該當(해당), 當局(당국), 當時(당시), 千不當萬不當(천부당만부당)

● 쓰기순서
丨 丬 丬 半 半 半 学 学 常 常 常 當 當

|총획| 15획 |뜻| 말, 말씀, 이야기, 담론

말씀을 뜻한다. 자녀가 잘못된 길을 갈 때 炎(불꽃염)불꽃같이 엄히 言말씀을 하신다.

● 사자성어
會談(회담), 懇談會(간담회), 頂上會談(정상회담)

● 쓰기순서
丶 亠 三 亖 言 言 言 訁 訡 談 談 談 談

한자능력검정시험 5급

이를 도

| 총획 | 8획 | 뜻 | 이르다, 도달하다, 어떤 곳에 미치다

이르다의 뜻이다. 刂 칼로 음식을 만드는 음식점에 至(이를지)이르다.
(刀 = 刂 칼도가 측면에 오면 변형됨)

● 사자성어
到着(도착), 到達(도달), 殺到(쇄도)

● 쓰기순서
一 フ ス ス 至 至 到 到

섬 도

| 총획 | 10획 | 뜻 | 섬, 바위섬, 바다위에 솟은 섬

섬이라는 뜻이다. 鳥(새조)새들의 고향인 섬은 바다위에 山산 같이 솟아 있다.

● 사자성어
讀島(독도), 鬱陵島(울릉도), 韓半島(한반도)

● 쓰기순서
丿 亻 冫 户 户 自 鸟 鸟 島 島

도읍 도

| 총획 | 12획 | 뜻 | 도읍, 도읍지, 도시, 마을

도읍을 말한다. 阝(언덕부)언덕에 者(놈자)사람이 모여 도읍을 이루다.

● 사자성어
都市(도시), 首都(수도), 都邑地(도읍지)

● 쓰기순서
一 十 土 耂 耂 耂 者 者 者 者 都 都

홀로 독

| 총획 | 16획 | 뜻 | 혼자, 홀로, 단독, 홀몸, 외롭다

혼자라는 뜻이다. 犭(개견)개가 蜀(나비애벌레촉)나비애벌레를 혼자 보다.
(蜀 나비애벌레촉, 나라이름촉)

● 사자성어
獨立(독립), 單獨(단독), 獨不將軍(독불장군)

● 쓰기순서
丿 犭 犭 犭 犭 犭 犭 犭 獨 獨 獨 獨 獨 獨 獨 獨

좋을 량

| 총획 | 7획 | 뜻 | 좋다, 착하다, 좋구나 |

좋다의 의미이다. 나는 白(흰백)흰색 衣(옷의)옷이 좋다.

● 사자성어
改良(개량), 閑良(한량), 優良(우량)

● 쓰기순서
丶 ㄱ ㅋ ㅌ 皀 良 良

찰 냉

| 총획 | 7획 | 뜻 | 차다, 차게하다, 인정머리가 없다 |

차다의 뜻이다. 차가운 기운으로 令(하여금령)하여금 冫(얼음빙)얼음이 차다.

● 사자성어
冷戰(냉전), 冷酷(냉혹), 冷却(냉각)

● 쓰기순서
丶 ㄱ ノ 丶 冫 冷 冷

밝을 랑

| 총획 | 11획 | 뜻 | 환하다, 좋다, 맑다 |

밝다는 뜻이다. 月(달월)달이 밝아서 良(좋을량)좋다.

● 사자성어
明朗(명랑), 朗朗(낭랑)

● 쓰기순서
丶 ㄱ ㅋ ㅌ 皀 良 良 朗 朗 朗

떨어질 락

| 총획 | 13획 | 뜻 | 떨어지다, 떨어뜨리다, 낙엽이 지다 |

떨어지다의 뜻이다. 艹풀잎이 洛(물이름락)물이름이 있는 곳에 떨어지다.

● 사자성어
墜落(추락), 下落(하락), 落落長松(낙락장송), 落落磊磊(낙락뇌뢰)

● 쓰기순서
丨 丶 艹 艹 艹 艹 艹 落 落 落 落 落 落

한자능력검정시험 5급

헤아릴 량

|총획| 12획 |뜻| 헤아리다, 추측하다, 미루어 짐작하다

헤아리다의 뜻이다. 旦(아침단)아침마다 里(마을리)마을에 모여 식량을 헤아리다.

● 사자성어
力量(역량), 大量(대량), 感慨無量(감개무량)

● 쓰기순서
丶 口 日 日 旦 早 昌 昌 昌 量 量 量

나그네 려

|총획| 10획 |뜻| 나그네, 떠돌이, 군대의 무리

나그네를 말한다. 衣옷을 따뜻하게 입은 𠂉(사람인)나그네가 方사방을 다니다.

● 사자성어
軍旅(군려), 客旅(객려), 逆旅(역려)

● 쓰기순서
丶 亠 亍 方 方 方 扩 旅 旅 旅

지날 력

|총획| 16획 |뜻| 지나다, 넘기다, 세월을 흘려 보내다

지나가다의 뜻이다. 秝벼농사를 짓기위해 厂산기슭의 기거하는 것을 止그치고 오솔길을 지나 집으로 가다. (禾 벼화, 厂 산기슭엄, 止 그칠지)

● 사자성어
經歷(경력), 履歷(이력), 學歷(학력)

● 쓰기순서
一 厂 F F 厈 厈 厈 厤 厤 厤 厤 厤 厤 厤 歷 歷

익힐 련

|총획| 15획 |뜻| 익히다, 연습하다, 훈련하다, 단련하다

익히다의 뜻이다. 糸 실로 束(묶을속)묶는 법을 익히다.

● 사자성어
洗練(세련), 訓練(훈련), 團練(단련)

● 쓰기순서
𠃋 𠃋 𠃋 幺 糸 糸 糽 糽 糽 絅 絅 絅 練 練 練

| 총획 | 14획 | | 뜻 | 거느리다, 다스리다, 통솔하다

거느리다의 뜻이다. 頁(머리혈)머리의 지혜로 令(하여금령)하여금 거느리다.

- 사자성어
大統領(대통령), 要領(요령), 占領(점령)

- 쓰기순서
丿 𠂉 亽 今 令 令 𩠊 𩠐 領 領 領 領 領

| 총획 | 11획 | | 뜻 | 뭍, 육지, 땅, 언덕, 평평한 땅

뭍을 말한다. 阝언덕은 坴(뭍육)뭍이다. (뭍=육지=대륙=땅=언덕)

- 사자성어
大陸(대륙), 着陸(착륙)

- 쓰기순서
𠃌 ㄋ 阝 阝⺊ 阝十 陸 陸 陸 陸 陸 陸

| 총획 | 12획 | | 뜻 | 사다, 사오다, 고용하다

사다의 뜻이다. 罒(그물망)그물로 고기잡아 貝 재물을 얻어 물건을 사다.

- 사자성어
賣買(매매), 購買力(구매력), 買占賣惜(매점매석)

- 쓰기순서
丶 𠃍 冂 罒 罒 罒 冒 冒 冒 買 買 買

| 총획 | 15획 | | 뜻 | 팔다, 판매하다, 팔고오다

팔다의 뜻이다. 士선비에게 무언가를 주려고 물건을 買(살매)사서 팔다.

- 사자성어
販賣(판매), 賣却(매각), 賣出(매출)

- 쓰기순서
一 十 士 吉 吉 吉 声 声 声 靑 靑 壺 壺 賣 賣

바랄 망

|총획| 11획 |뜻| 바라다, 바라보다, 기대하다, 원하다, 그리워하다

바라다의 뜻이다. 亡망하고 月몸에 병이 난 王임금이 회복되기를 바라다. (月 몸을 의미)

● 사자성어
希望(희망), 絶望(절망), 展望(전망)

● �기순서
丶 亠 亡 亡 刘 朗 朝 望 望 望 望

흐를 류

|총획| 10획 |뜻| 흐르다, 흐르게하다, 번지다, 퍼지다

흐르다의 뜻이다. 양식업을 하는 사람이 흐르는 氵(물수)물에 㐬(깃발류)깃발을 꽂다. (氵=水)

● 사자성어

● 쓰기순서
丶 丶 氵 氵 浐 浐 浐 浐 流 流

무리 류

|총획| 19획 |뜻| 무리, 동아리, 끼리끼리, 비슷하다

무리를 말한다. 米(쌀미)쌀로 된 음식을 먹기 위해 頁(머리혈)머리를 부딪혀가며 犬(개견)개들이 몰려들어 무리를 이루다.

● 사자성어
書類(서류), 種類(종류), 人類(인류), 分類(분류)

● 쓰기순서
丶 丶 丷 半 半 半 米 米 米 米 籼 籼 籼 類 類 類 類 類 類

헤아릴 료

|총획| 10획 |뜻| 헤아리다, 용량을 세다, 수효를 세다

헤아리다는 뜻이다. 米(쌀미)쌀을 한말, 두말 斗(말두)말로 헤아리다.

● 사자성어
資料(자료), 保險料(보험료), 手數料(수수료)

● 쓰기순서
丶 丶 丷 半 半 半 米 米 米 料

일할 로

|총획| 12획　　|뜻| 일하다, 수고, 애쓰다

일하다의 뜻이다. 冖(덮을멱)덮혀있는 力(힘력)힘으로 炏(불꽃개)불꽃같이 일하다.

● 사자성어
勤勞者(근로자), 慰勞(위로), 疲勞(피로), 犬馬之勞(견마지로)

● 쓰기순서
丶 丷 ⺌ ⺌ ⺌ 炏 炏 炏 券 勞 勞

말 마

|총획| 10획　　|뜻| 말, 달리는 말, 큰 것의 비유

말을 말한다. 말이 갈기를 날리며 네 발로 달리는 형상.

● 사자성어
出馬(출마), 車馬(거마), 塞翁之馬(새옹지마)

● 쓰기순서
丨 厂 丆 㠯 㠯 馬 馬 馬 馬

끝 말

|총획| 5획　　|뜻| 끝, 꼭대기, 마지막

끝을 말한다. 木나무의 맨 一끝에 열리는 과일은 새들의 먹이로 두다.

● 사자성어
週末(주말), 年末(연말), 終末(종말), 年末年始(연말연시)

● 쓰기순서
一 二 亍 末 末

검을 흑

|총획| 12획　　|뜻| 검다, 꺼멓게 되다, 흑색, 새까맣다

검다는 뜻이다. 里(마을리)마을마다 봄이 되면 보리 짚을 灬불로 태워 검다.

● 사자성어
近墨者黑(근묵자흑), 黑白論理(흑백논리), 黑字(흑자)

● 쓰기순서
丨 冂 冂 冂 田 甲 甲 里 里 黒 黑 黑

한자능력검정시험 5급

흉할 흉

| 총획 | 4획 | 뜻 | 흉하다, 흉측하다, 사악하다

흉하다는 뜻이다. 나무아래에서 감이 떨어지기를 ㄴ(입벌릴감)입 벌리고 누워 있는 모양이 ㄨ 흉하다.

● 사자성어
吉凶禍福(길흉화복), 凶器(흉기), 凶惡(흉악)

● 쓰기순서
ノ ㄨ 凶 凶

아름다울 미

| 총획 | 9획 | 뜻 | 아름답다, 경사스럽다, 즐기다

아름답다의 뜻이다. 大큰 羊양의 자태가 아름답다.

● 사자성어
美術(미술), 甘美(감미), 美人薄命(미인박명)

● 쓰기순서
丶 丷 ⺦ ⺷ ¥ 羊 䒑 美 美

돌이킬 반

| 총획 | 4획 | 뜻 | 돌이키다, 돌아가다, 되돌리다, 뒤집다

돌이키다의 뜻이다. 厂산기슭에서 又(또우)또 발길을 돌이키다.

● 사자성어
反撥(반발), 反對(반대), 反哺之孝(반포지효), 反省(반성)

● 쓰기순서
一 厂 反 反

병사 병

| 총획 | 7획 | 뜻 | 병사, 군졸

병사를 말한다. 厂(산기슭엄)산기슭에 병사들이 훈련을 共(함께공)함께 받다.

● 사자성어
派兵(파병), 將兵(장병), 兵役(병역), 兵力(병력)

● 쓰기순서
一 厂 厂 斤 丘 兵 兵

| 총획 | 23획 | | 뜻 | 변하다, 변화하다, 고치다 |

변하다의 뜻이다. 적군이 攵(칠복)쳐들어와 세상이 䜌(어지러울련)어지럽게 변하다.

● 사자성어
變化(변화), 變動(변동), 變數(변수)

● 쓰기순서
`丶亠亣言言'糸紵紵紵紵紵綸綸綸綸綸變變`

| 총획 | 8획 | | 뜻 | 법, 방법, 본받다 |

법을 말한다. 하늘에 항공로가 있듯이 바다의 氵물길을 去(갈거)갈 때도 가는 법이 있다.

● 사자성어
法院(법원), 憲法(헌법), 法律(법률)

● 쓰기순서
`丶冫氵汁汢法法`

| 총획 | 10획 | | 뜻 | 곱, 갑절, 배가 되다, 많게되다 |

곱은 두배를 말한다. 합창을 하게 되면 亻사람의 音(소리음)소리가 곱(배)이 된다. (咅을 音으로 본다.)

● 사자성어
倍率(배율), 倍加(배가), 倍前(배전)

● 쓰기순서
`丿亻亻亻亻倍倍倍倍`

| 총획 | 8획 | | 뜻 | 받들다, 받치다, 대우하다 |

받들다는 뜻이다. 春(봄춘)봄에 丰(예쁠봉)예쁜 꽃잎이 꽃 봉우리를 받들다.

● 사자성어
奉仕(봉사), 奉養(봉양), 奉仕者(봉사자)

● 쓰기순서
`一二三夫夫奉奉奉`

복 복

|총획| 14획　|뜻| 복, 행복, 저장하다

복을 말한다. 복이란 남들이 示(보일시)보기에도 畐(가득할복)가득하게 받아야 복이다.

● 사자성어
福地(복지), 幸福(행복), 轉禍爲福(전화위복)

● 쓰기순서
一 ニ 于 亍 禾 示 祀 祀 福 福 福 福

견줄 비

|총획| 4획　|뜻| 견주다, 비교하다

견주다의 의미이다. 단상 上(윗상)위에 올라간 무사들이 匕(비수비)비수로 견주다. (比=上)

● 사자성어
比較(비교), 比重(비중), 比喩(비유)

● 쓰기순서
一 上 上 比

선비 사

|총획| 3획　|뜻| 선비, 관리, 벼슬아치

선비를 뜻한다. 올바른 마음과 학식을 十많이 가지고 一한길을 가는 선비.

● 사자성어
辯護士(변호사), 操縱士(조종사), 士農工商(사농공상)

● 쓰기순서
一 十 士

섬길 사

|총획| 5획　|뜻| 섬기다, 일하다, 종사하다

섬기다의 뜻이다. 亻하인들이 士(선비사)선비를 섬기다.

● 사자성어
强仕(강사), 仕退(사퇴)

● 쓰기순서
丿 亻 亻 仁 仕

얼음 빙

|총획| 5획　　|뜻| 얼음, 얼다, 얼어붙다, 고체

얼음을 말한다. 水(물수)물이 얼어 冫(얼음빙)얼음이 되다. (冫얼음빙 ˙생략되어 변형됨)

● 쓰기순서
丨 冫 氵 冰 氷

쓸 비

|총획| 12획　　|뜻| 쓰다, 비용, 소비하다, 소모하다

쓰다의 뜻이다. 貝 재물을 함부로 써서는 弗(아닐불)아니된다. (不=弗아닐불)

● 사자성어
消費(소비), 費用(비용), 浪費(낭비)

● 쓰기순서
一 ㄱ 弓 弓 弗 弗 弗 費 費 費 費 費

코 비

|총획| 14획　　|뜻| 코, 코구멍, 코을 꿰다

코를 말한다. 自 스스로 코를 내밀어 보여 畀(줄비)주다.

● 사자성어
鼻音(비음), 鼻炎(비염), 耳目口鼻(이목구비)

● 쓰기순서
丿 亻 冂 向 向 自 自 鳥 鳥 畠 畠 皀 鼻 鼻

역사, 사기 사

|총획| 5획　　|뜻| 역사, 사기, 기록된 문서

역사를 말한다. 中(가운데중)중간적인 입장에서 중립을 지켜 치우지지 않게 기록하는 것이 乀역사이다. (屮 = 中)

● 사자성어
歷史的(역사적), 史記(사기), 歷史(역사)

● 쓰기순서
丨 冂 口 史 史

5급

| 총획 | 9획 | 뜻 | 생각, 정서, 사상, 심정, 마음

생각하다의 뜻이다. 농부가 田밭을 心(마음심)마음으로 생각하다.

● 사자성어
意思(의사), 思想(사상), 思慕(사모)

● 쓰기순서
丨 冂 冂 冂 田 甲 思 思 思

| 총획 | 15획 | 뜻 | 베끼다, 모방하다, 본뜨다

베끼다의 뜻이다. 눈이 온 날 宀집 마당에서 鳥(까치작)까치 발자국을 베끼다.

● 사자성어
寫像(사상), 寫眞(사진), 描寫(묘사)

● 쓰기순서
丶 丶 宀 宀 宀 宀 宀 宀 宀 宀 寫 寫 寫 寫 寫

| 총획 | 9획 | 뜻 | 조사하다, 사실을 진술하다

조사하다의 뜻이다. 죄인을 木나무밑에서 且(또차)또 조사하다.

● 사자성어
搜査(수사), 調査(조사), 檢査(검사)

● 쓰기순서
一 十 才 木 木 杳 杳 查 査

| 총획 | 11획 | 뜻 | 다산, 낳다, 태어나다, 자라다

낳다의 뜻이다. 윗마을에 아이가 태어 生(낳을생)나고 또 아랫마을에서도 아이를 产(낳을산)낳다.

● 사자성어
生産(생산), 財産(재산), 産業(산업)

● 쓰기순서
丶 一 ㅏ 亠 立 产 产 产 产 産 産

| 총획 | 9획 | | 뜻 | 서로, 도움을 주는, 보조자 |

서로를 말한다. 木나무와 目눈은 서로 관계가 있어 멀리 있는 초록색의 나무를 보면 눈의 피로를 덜어주고 시력 회복에 도움을 준다.

● 사자성어
刮目相對(괄목상대), 相對(상대), 同病相憐(동병상련)

● 쓰기순서
一 十 才 木 札 机 相 相 相

| 총획 | 11획 | | 뜻 | 장사, 상업, 장수 |

장사를 말한다. 冏(빛날경)빛나는 보석을 놓고 ㅎ 서서 장사한다.

● 사자성어
協商(협상), 上品(상품), 通商(통상)

● 쓰기순서
丶 亠 亠 产 产 产 產 商 商 商

| 총획 | 15획 | | 뜻 | 상주다, 상을 주다, 칭찬하다 |

상주다의 뜻이다. 尙(오히려상)자랑스러워 貝 재물과 함께 상주다.
(尙 오히려상, 자랑)

● 사자성어
受賞(수상), 鑑賞(감상), 懸賞(현상), 褒賞(포상)

● 쓰기순서
丨 丬 丬 丬 尚 尚 尚 尚 営 営 賞 賞 賞 賞 賞

| 총획 | 7획 | | 뜻 | 차례, 차례차례, 지나가다 |

차례를 말한다. 广(집엄)집안에 子(아들자)아들 형제가 차례로 태어나다.

● 사자성어
順序(순서), 秩序(질서), 無秩序(무질서)

● 쓰기순서
丶 亠 广 庐 庐 庐 序

성품 성

| 총획 | 8획 | 뜻 | 성품, 타고난 성품, 본질 |

성품을 말한다. 사람이 生태어날 때부터 지니게 되는 忄(마음심)마음이 성품이다.

● 사자성어
可能性(가능성), 性格(성격)

● 쓰기순서
丶 丷 忄 忄 忄 忓 性 性

묶을 속

| 총획 | 7획 | 뜻 | 묶다, 결박하다, 동여매다 |

묶다의 뜻이다. 木나무들을 추위와 해충으로부터 보호하기 위해 짚으로 口둥그렇게 묶다.

● 사자성어
束手無策(속수무책), 約束(약속), 團束(단속), 束縛(속박)

● 쓰기순서
一 ㄒ ㄒ 束 束 束 束

씻을 세

| 총획 | 9획 | 뜻 | 씻다, 깨끗이 하다, 다듬다 |

씻다는 뜻이다. 先(먼저선)먼저 氵물로 씻다.

● 사자성어
洗手(세수), 洗濯(세탁), 洗練(세련)

● 쓰기순서
丶 冫 氵 氵 汘 汘 洸 洗 洗

해 세

| 총획 | 13획 | 뜻 | 해, 나이, 세월 |

해를 말한다. 戊(무성할무)무성함이 止(그칠지)그치고 步(적을소)적은 낙엽들도 떨어지고 나면 한 해가 간다. (步→少 적을소로 봄)

● 사자성어
歲月(세월), 歲拜(세배), 歲寒松柏(세한송백)

● 쓰기순서
丨 ㅏ ㅑ 止 产 产 产 产 产 步 步 歲 歲 歲

| 총획 | 9획 | 뜻 | 머리, 머리털, 우두머리, 최고의 자리

머리를 말한다. 艹(풀초)풀처럼 自스스로 자라는 머리.

● 사자성어
鶴首苦待(학수고대), 首肯(수긍), 首都(수도), 首席(수석)

● 쓰기순서
丶 丷 丶丶 产 芦 芦 首 首

| 총획 | 11획 | 뜻 | 유숙하다, 숙박하다, 숙소, 당직

자다의 뜻이다. 佰(일백백)일백 명이 宀집에서 자다. (佰 = 百일백백)

● 사자성어
宿泊(숙박), 宿命(숙명), 宿題(숙제), 東家食西家宿(동가식서가숙)

● 쓰기순서
丶 宀 宀 宀 宀 宀 宿 宿 宿 宿

| 총획 | 12획 | 뜻 | 순리에 따르다, 순응하다, 자연의 이치에 따르다

순하다의 뜻이다. 川(내천)내처럼 흘러내린 頁(머리혈)머리카락이 순하다.

● 사자성어
順序(순서), 順位(순위), 順利(순리)

● 쓰기순서
丿 丿 川 川 川 川 順 順 順 順 順 順

| 총획 | 5획 | 뜻 | 보다, 보이다, 베풀어 보이다

보이다의 뜻이다. 丁농기구들은 늘 사용하기 때문에 一선반 바로 밑에 잘 보이는 八곳에 두고 쓴다.

● 사자성어
指示(지시), 示唆(시사), 示威(시위), 提示(제시)

● 쓰기순서
一 二 亍 示 示

識
알 식

|총획| 19획 |뜻| 알다, 구별하다 알다, 알게되다

알다의 뜻이다. 사람이 하는 言말인지 戈(창과)창을 부딪혀 내는 音(소리음)소리인지 알다.

● 사자성어

知識(지식), 認識(인식), 識字憂患(식자우환)

● 쓰기순서

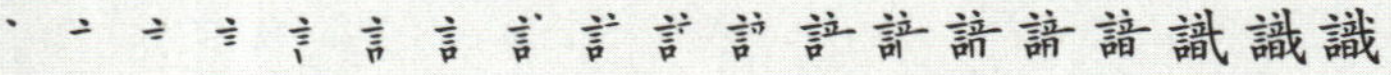

臣
신하 신

|총획| 6획 |뜻| 신하, 백성

신하를 말한다. 중요한 물건을 中(가운데중)가운데 匚(감출혜)감추고 늘 지켜보며 신하의 도리를 한다. (㔾=中)

● 사자성어

貢臣(공신), 臣下(신하), 使臣(사신)

● 쓰기순서

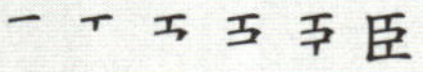

案
책상 안

|총획| 10획 |뜻| 책상, 생각하다

책상을 말한다. 安(편안할안)편안하게 木나무로 만든 책상에 앉다.

● 사자성어

提案(제안), 懸案(현안), 勘案(감안)

● 쓰기순서

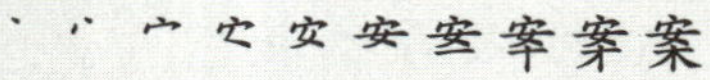

惡
악할 악

|총획| 12획 |뜻| 악하다, 나쁘다, 더럽고 추하다

악하다는 뜻이다. 좋은 마음이 으뜸가는 心마음이라면 악한 마음은 亞(버금아)버금가는 마음 즉 두 번째의 마음이다. (버금은 두번째, 둘, 다음)

● 사자성어

惡化(악화), 惡循環(악순환), 惡影響(악영향), 勸善懲惡(권선징악)

● 쓰기순서

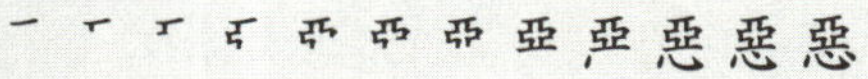

| 총획 | 8획 | | 뜻 | 아기, 아이, 젖먹이, 어린이 |

아이를 말한다. 臼절구 옆에 儿사람의 아이가 있다. (儿 사람인=人)

● 사자성어
嬰兒(영아), 兒童(아동), 育兒(육아)

● 쓰기순서
丿 亻 亻 白 白 臼 皃 兒

| 총획 | 14획 | | 뜻 | 열매, 씨, 종자 |

열매를 말한다. 宀집에서 열매를 毌(꿸관)꿰어서 말려 팔면 貝(조개패)재물이 된다.

● 사자성어
有名無實(유명무실), 以實直告(이실직고), 名實相符(명실상부)

● 쓰기순서
丶 丶 宀 宀 宀 宙 宙 宙 宙 宙 宙 實 實 實

| 총획 | 11획 | | 뜻 | 물고기, 어류 |

물고기를 말한다. 𠂊사람이 田밭에서 물고기를 灬불에 구워먹다.

● 사자성어
魚類(어류), 魚族(어족), 文魚(문어), 緣木求魚(연목구어)

● 쓰기순서
丿 𠂊 𠂊 ク 各 角 角 角 魚 魚 魚

| 총획 | 9획 | | 뜻 | 맺다, 약속하다 |

맺다의 의미이다. 勺(구기작)손잡이가 있는 조롱박을 糸(실사)실로 이어서 맺다. (勺 구기작 손잡이 있는 조롱박, 자루가 달린 국자)

● 사자성어
約束(약속), 百年佳約(백년가약)

● 쓰기순서
丿 幺 幺 乡 糸 糸 糸 約 約

5급

49

| 총획 | 15획 | 뜻 | 낳아 기르다, 젖을 먹이다

기르다는 뜻이다. 食(밥식)밥을 먹고 羊양을 기르다.

● 사자성어
養成(양성), 培養(배양), 療養(요양)

● 쓰기순서
丶 丷 丬 䒑 羊 羊 美 美 养 养 奍 養 養 養

| 총획 | 14획 | 뜻 | 어부, 고기잡이, 고기잡다

고기잡다의 뜻이다. 氵물가에서 魚고기잡다.

● 사자성어
漁夫(어부), 農漁村(농어촌), 遠洋漁船(원양어선)

● 쓰기순서
丶 冫 氵 沪 汋 泣 洽 洽 渔 渔 渔 漁 漁 漁

| 총획 | 9획 | 뜻 | 집, 주거, 장막, 휘장

집을 말한다. 객사한 사람이 尸(주검시)주검이 되어 집에 至(이를지)이르다.

● 사자성어
家屋(가옥), 屋上(옥상)

● 쓰기순서
一 コ 尸 尸 尸 屋 屋 屋 屋

| 총획 | 13획 | 뜻 | 잎, 꽃잎, 잎처럼 얇은 물건

잎을 말한다. ⺾풀잎의 한 世(세상세)세상은 木나무잎의 잎사귀처럼 짧다.

● 사자성어
落葉(낙엽), 針葉樹(침엽수), 金枝玉葉(금지옥엽)

● 쓰기순서
丶 十 卄 丱 丱 丱 世 世 葉 葉 葉 葉 葉

|총획| 15획 |뜻| 더위, 더워지다, 열받다, 흥분하다

덥다의 뜻이다. 埶(재주예)재주를 부리는 사람은 움직임이 많아 灬(불화)불을 지핀 사람처럼 몸에 열이 나서 덥다. (埶 재주예, 심을예, 형세세)

● 사자성어
熱風(열풍), 加熱(가열), 熱氣(열기), 以熱治熱(이열치열)

● 쓰기순서
一 十 土 キ 夫 去 幸 幸 刲 執 執 埶 熱 熱 熱

|총획| 15획 |뜻| 억, 억억, 많은 수

억을 말한다. 亻사람이 意(뜻의)뜻을 세우고 사업을 하여 일억을 벌다.

● 사자성어
億萬(억만)

● 쓰기순서
丿 亻 亻 亻 亻 伲 伲 伲 倍 倍 倍 億 億 億 億

|총획| 7획 |뜻| 완전하다, 온전하다, 결함이 없다, 부족함이 없다

완전하다의 뜻이다. 元(으뜸원)으뜸으로 완전하게 宀집을 짓다.

● 사자성어
補完(보완), 完了(완료), 完成(완성), 完全無缺(완전무결)

● 쓰기순서
丶 冖 宀 宀 宀 完 完

|총획| 9획 |뜻| 중요하다, 요긴하다, 요약하다

중요하다의 뜻이다. 女(여자여)여자의 허리나 배는 중요하여 따뜻하게 襾(덮을아)덮어주고 감싸주어야 한다.

● 사자성어
重要(중요), 必要(필요), 需要(수요)

● 쓰기순서
一 一 一 一 襾 襾 要 要 要

5급

한자능력검정시험 5급

빛날 요

|총획| 18획 |뜻| 햇빛, 햇살, 빛나다, 비추다

빛나다는 의미이다. 맑은 日 날 隹(새추)새의 羽(깃우)깃털은 하얗게 빛나다.

● 사자성어
土曜日(토요일), 曜日(요일)

● 쓰기순서
丨 冂 日 日 日' 日" 日" 日"' 日"" 日"" 日"" 日" 日" 日" 日" 曜 曜 曜

목욕할 욕

|총획| 10획 |뜻| 목욕, 목욕시키다, 목욕하다

목욕하다의 뜻이다. 谷(골짜기곡)골짜기에서 氵(물수)물로 목욕하다.

● 사자성어
浴室(욕실), 沐浴湯(목욕탕), 海水浴場(해수욕장)

● 쓰기순서
丶 丶 氵 氵 氵 浴 浴 浴 浴 浴

쓸 용

|총획| 10획 |뜻| 쓰다, 사용하다, 사역하다, 일하다

쓰다의 뜻이다. 冂멀리 있는 丰(예쁠봉)예쁜 산봉우리를 관광지로 쓰다.

● 사자성어
雇用(고용), 使用(사용), 適用(적용)

● 쓰기순서
丿 冂 月 月 用

비 우

|총획| 8획 |뜻| 비가 오다, 비, 빗물이 떨어지다

비를 말한다. 하늘에서 내리는 비. (빗방울이 위에서 떨어지는 모양)

● 사자성어
暴風雨(폭풍우), 雨後竹筍(우후죽순), 集中豪雨(집중호우)

● 쓰기순서
一 冂 冂 雨 雨 雨 雨 雨

| 총획 | 4획 | 뜻 | 벗, 벗하다, 사귀다

벗은 친구를 말한다. 厂산기슭을 벗과 함께 又또 가다.

● 사자성어
友情(우정), 友愛(우애)

● 쓰기순서
一ナ方友

| 총획 | 4획 | 뜻 | 소, 순종, 희생을 무릅쓰다

소를 말한다. 살아서나 죽어서나 모든 것을 내어주는 소. (牛=生날생)

● 사자성어
牛乳(우유), 韓牛(한우), 九牛一毛(구우일모)

● 쓰기순서
丿丄ニ牛

| 총획 | 12획 | 뜻 | 구름, 구름처럼 덩이진 모양

구름을 뜻한다. 구름이 한 곳에 云(이를운)이르러 雨비가 된다.

● 사자성어
風雲(풍운), 雲屯(운둔), 靑雲(청운)

● 쓰기순서
一厂宀币雨雨雨雪雪雲雲雲

| 총획 | 12획 | 뜻 | 수컷, 웅장, 용감하다

수컷을 말한다. 隹(새추)새는 암컷보다 수컷이 厷(클굉)크고 화려하다.

● 사자성어
雄辯(웅변), 英雄(영웅), 雄壯(웅장)

● 쓰기순서
一ナ方厷厷雄雄雄雄雄雄雄

|총획| 4획　　|뜻| 으뜸, 처음, 시초

으뜸을 말한다. 으뜸은 최고를 말하며 二두 儿사람이 아닌 일인자 즉 한사람이다.

● 사자성어
復元(복원), 次元(차원), 元老(원로)

● 쓰기순서
一 二 テ 元

|총획| 19획　　|뜻| 원하다, 기원하다

원하다의 뜻이다. 頁(머리혈)머리 속으로 原(근원원)근원적인 꿈 이루기를 원하다.

● 사자성어
祈願(기원), 所願(소원), 所願成就(소원성취), 民願(민원)

● 쓰기순서
一 厂 厂 厂 厂 厂 后 后 原 原 原 原 原 原 原 願 願 願 願

|총획| 10획　　|뜻| 언덕, 근원, 근본

근원을 말한다. 厂(기슭엄)산기슭에서 솟아나는 泉(샘천)샘물은 삶의 근원이다.

● 사자성어
原人(원인), 原則(원칙)

● 쓰기순서
一 厂 厂 厂 厂 厂 后 原 原 原

|총획| 10획　　|뜻| 크고, 성대하다, 위대하다

크다는 의미이다. 韋(가죽위)가죽옷을 입은 亻사람이 크다.

● 사자성어
偉大(위대), 偉人(위인), 偉力(위력)

● 쓰기순서
丿 亻 亻 亻 伊 伊 俥 偉 偉 偉

자리 위

| 총획 | 7획 | 뜻 | 자리나 지위, 직위

자리라는 뜻이다. 亻사람은 맡은 자리에 立서서 일한다.

● 사자성어
順位(순위), 單位(단위), 地位(지위)

● 쓰기순서
丿 亻 亻 亻 亻 位 位

집 원

| 총획 | 10획 | 뜻 | 집이나 담장이 있는 집

집을 말한다. 阝언덕에 宀집을 元(으뜸원)으뜸으로 짓다.

● 사자성어
病院(병원), 大法院(대법원), 監査院(감사원)

● 쓰기순서
丶 ㇇ 阝 阝 阝 阣 阣 阣 阣 院

맡길 임

| 총획 | 6획 | 뜻 | 맡기다, 주다, 일을 잘하다

맡기다의 뜻이다. 壬(천간임) 성대한 일을 할 때 그 일을 감당할 만한 亻사람에게 맡기다. (壬천간임, 무성하다, 성대하다)

● 사자성어

● 쓰기순서
丿 亻 亻 亻 任 任

인할 인

| 총획 | 6획 | 뜻 | 어떤 사실, 원인이나 계기

인하다의 뜻이다. 어떤 大큰 이유로 인하여 囗(에워쌀위)에워싸임을 당하다.

● 사자성어
因果(인과), 要因(요인), 原因(원인), 因果(인과)

● 쓰기순서
丨 冂 冂 冈 因 因

써 이

| 총획 | 5획 | 뜻 | 무엇을 가지고서, 무엇으로 함으로써

~로써 ~에 의해서 등의 의미로 쓴다. (어조사이다.)

● 사자성어
以上(이상), 以下(이하), 交友以信(교우이신)

● 쓰기순서
丨 丶 丶 以 以

붉을 적

| 총획 | 7획 | 뜻 | 붉다, 베다

붉다의 뜻이다. 亦(또역)또 一하나의 단풍잎이 붉다.

● 사자성어
赤子(적자), 赤信號(적신호), 赤裸裸(적나라)

● 쓰기순서
一 十 土 ナ 亓 赤 赤

과녁 적

| 총획 | 8획 | 뜻 | 과녁, 목표

과녁를 말한다. 白(흰백)하얀 勺(구기작)조롱박을 과녁으로 사용하다.

● 사자성어
積極的(적극적), 具體的(구체적), 肯定的(긍정적)

● 쓰기순서
' 亻 亣 白 白 白 的 的

쌓을 저

| 총획 | 12획 | 뜻 | 쌓다, 쌓아두다, 재물을 저축하다

쌓다의 뜻이다. 미래에 宁(편안할녕)편안하게 쓰기 위하여 貝 재물 쌓다.

● 사자성어
勤儉貯蓄(근검저축), 貯金(저금), 貯蓄(저축), 貯藏(저장)

● 쓰기순서
丨 冂 冃 月 目 貝 貝 貯 貯 貯 貯

다툴 쟁

|총획| 8획　|뜻| 다투다, 논쟁을 하다

다투다의 뜻이다. 爪(손톱조)손으로 尹아옹다옹하며 다투다.

● 사자성어
競爭(경쟁), 戰爭(전쟁), 分爭(분쟁)

● 쓰기순서
′ ⸍ ⸍ ⸍ 刍 刍 争 爭

두 재

|총획| 6획　|뜻| 두 번, 두 번하다, 거듭하다

두 번째를 말한다. 두번째 丁(고무래정)고무래인 농기구를 用(쓸용)쓰다.

● 사자성어
再建(재건), 再檢討(재검토)

● 쓰기순서
一 厂 厂 丙 再 再

재앙 재

|총획| 7획　|뜻| 재앙, 화재, 응징

재앙을 말한다. 인간의 힘으론 어찌할 수 없는 巛(내천)물 재앙과 火(불화)불 재앙이 있다. (巛 개미허리천, 내천 =川)

● 사자성어
災殃(재앙), 火災(화재), 罹災民(이재민)

● 쓰기순서
ᛌ ᛌᛌ ᛌᛌᛌ 巛 巛ˊ 炒 災

재목 재

|총획| 7획　|뜻| 재목, 재료

재목을 말한다. 才(재주재)재주있는 木나무는 재목감이다.

● 사자성어
材料(재료), 取材(취재), 人材(인재)

● 쓰기순서
一 十 才 木 木 村 材

|총획| 8획　|뜻| 법, 경전, 서적

법을 말한다. 책장에 꽂혀 있는 법의 관련된 두꺼운 책의 모양이다.

● 사자성어
事典(사전), 經典(경전)

● 쓰기순서
丨 冂 巾 曲 曲 曲 典 典

|총획| 13획　|뜻| 전하다, 널리, 전하다

전하다는 뜻이다. 亻우체부가 專(오로지전)오로지 소식을 전하다.

● 사자성어
傳達(전달), 宣傳(선전), 傳播(전파)

● 쓰기순서
丿 亻 亻 亻 伂 伂 伂 伷 傳 傳 傳 傳 傳

|총획| 10획　|뜻| 펴다, 넓게 펼치다, 늘이다

펴다의 뜻이다. 尸 주검에게 衣옷을 입히기 위해 共함께 수의를 펴다.

● 사자성어
展望(전망), 發展(발전), 展開(전개)

● 쓰기순서
一 ㄱ 尸 尸 尸 屈 屈 屈 展 展

|총획| 15획　|뜻| 식물의 마디, 동물의 관절, 절기나 기념일

마디를 말한다. ⺮ 대나무마디 사이는 마디마디가 卽 가깝다. (卽 곧즉, 가깝다)
(⺮=竹 대나무죽)

● 사자성어
節次(절차), 節約(절약), 節氣(절기)

● 쓰기순서
丿 ト 丬 ⺮ ⺮ ⺮ ⺮ 笳 笳 節 節 節 節 節 節

|총획| 4획 |뜻| 끊어내다, 베어내다

끊다의 뜻이다. 七일곱개의 줄을 刀칼로 끊다.

● 사자성어
懇切(간절), 切實(절실), 切迫(절박)

● 쓰기순서
一 七 切 切

|총획| 8획 |뜻| 가게, 상점, 점빵

가게를 말한다. 广 가게안을 占(차지할점)차지하고 있는 물건.

● 사자성어
百貨店(백화점), 便宜店(편의점), 割引店(할인점)

● 쓰기순서
丶 亠 广 广 庁 庁 店 店

|총획| 11획 |뜻| 뜻, 마음

뜻을 말한다. 青(푸를청)푸른 忄마음이란 곧 지조나 뜻을 세우는 일이다.

● 사자성어
感情(감정), 情報(정보)

● 쓰기순서
丶 丶 忄 忄 忄 忄 忄 情 情 情 情

|총획| 11획 |뜻| 머물다, 정지해 있다

머무르다의 뜻이다. 어떤 亻사람이 亭(정자정)정자에서 머무르다.

● 사자성어
停止(정지), 停滯(정체)

● 쓰기순서
丿 亻 亻 亻 产 产 停 停 停 停 停

調

고를 조

|총획| 15획 |뜻| 고르다, 조절하다, 적합하다

고르다의 뜻이다. 때에 합당한 言말은 周(두루주)두루두루 고르게 영향을 미친다.

● 사자성어

同調(동조), 調整(조정)

● 쓰기순서

丶 亠 亠 亖 言 言 言 訁 訂 訂 訉 訓 調 調 調

操

잡을 조

|총획| 16획 |뜻| 잡다, 쥐다, 조종하다

잡다의 뜻이다. 木나무 선반위에 있는 品(물건품)물건들을 扌(손수)손으로 잡다.

● 사자성어

風操(풍조)

● 쓰기순서

一 扌 扌 扌 扌 扌 扌 扌 扌 押 押 押 插 操 操 操

週

돌 주

|총획| 11획 |뜻| 돌다, 회전하다

돌다의 뜻이다. 여행을 辶가서 周두루두루 돌다. (辶갈착, 周두루주)

● 사자성어

週末(주말), 週期的(주기적), 每週(매주), 隔週(격주)

● 쓰기순서

丿 冂 刀 月 用 周 周 凋 凋 调 週

罪

허물 죄

|총획| 13획 |뜻| 허물, 죄, 과실

잘못을 말한다. 罒그물을 잘못 관리하여 사람에게 해가 되게 해서는 非(아닐비)안 된다.

● 사자성어

犯罪(범죄), 謝罪(사죄), 罪悚(죄송)

● 쓰기순서

丶 冖 罒 罒 罒 罒 罒 罗 罗 罪 罪 罪 罪

| 총획 | 14획 | 뜻 | 씨앗, 씨, 비중, 종자, 중점을 두다

씨앗을 말한다. 씨앗을 뿌려 禾(벼화)벼농사를 지어 추수한 쌀가마가 重(무거울중) 무겁다.

● 사자성어
種豆得豆(종두득두), 種瓜得瓜(종과득과), 種類(종류), 業種(업종)

● 쓰기순서
一 二 千 禾 禾 禾 秆 秆 秆 秆 稻 稻 種 種

| 총획 | 11획 | 뜻 | 종말, 끝, 마지막

마치다의 뜻이다. 冬(겨울동)겨울에 糸 실로 뜨개질을 하며 한해를 마치다.

● 사자성어
終末(종말), 最終(최종)

● 쓰기순서
ㄴ ㄴ 幺 幺 乒 糸 糸 終 終 終 終

| 총획 | 8획 | 뜻 | 마치다, 끝내다

마치다의 뜻이다. 亠(머리두)머리에 학사모를 쓴 十많은 人人학생들이 졸업식으로 학교를 마치다. (十十=卄 열십은 많음을 의미)

● 사자성어
卒業(졸업), 卒業生(졸업생), 烏合之卒(오합지졸)

● 쓰기순서
、 一 亠 亠 广 广 产 卒 卒

| 총획 | 6획 | 뜻 | 고을, 국토

고을을 의미한다. 川(내천)천을 끼고서 灬 집들이 모여 있는 고을.

● 사자성어
濟州道(제주도), 光州(광주)

● 쓰기순서
、 丿 丬 州 州 州

5급

| 총획 | 4획 | 뜻 | 멈추다, 그만하다 |

그치다는 뜻이다. 산 上 위로 올라가 丨(뚫을곤)뚫는 것을 그치다.

● 사자성어
禁止(금지), 停止(정지), 閉止(폐지)

● 쓰기순서
丨 ㅏ ㅑ 止

그칠 지

| 총획 | 15획 | 뜻 | 바탕, 품질, 본서 |

바탕을 말한다. 斤斤 도끼로 나무를 하여 부자의 바탕인 貝 재물을 얻다.

● 사자성어
物質(물질), 性質(성질), 蛋白質(단백질)

● 쓰기순서
′ ′ ŕ ŕ ŕ ŕŕ ŕŕ 斤斤 斤斤 斤斤 皆 皆 質 質

바탕 질

| 총획 | 20획 | 뜻 | 쇠, 검은쇠, 견고하다 |

쇠를 말한다. 土 땅속에서 캐낸 金 쇠를 戈(날카로울질)날카롭게하다.

● 사자성어
鐵道(철도), 鐵鋼(철강), 地下鐵(지하철), 鐵面皮(철면피)

● 쓰기순서
丿 亻 亼 亼 乍 乍 金 金 釒 釒 鈝 鈝 鈝 鋶 鋶 鋶 鐵 鐵 鐵
鐵

쇠 철

| 총획 | 11획 | 뜻 | 꾸짖다, 야단치다, 책망함 |

꾸짖다의 뜻이다. 主 주인의 貝 재물을 훔쳐간 자를 꾸짖다.
(主 주인주, 貝 조개, 재물)

● 사자성어
叱責(질책), 見責(견책), 無責任(무책임)

● 쓰기순서
一 十 ŧ 主 主 青 青 青 責 責 責

꾸짖을 책

| 총획 | 11획 | 뜻 | 부르다, 노래하다, 가곡

부르다의 뜻이다. 昌(창성할창)창성하게 口 입으로 노래 부르다.

● 사자성어
復唱(복창), 合唱(합창), 提唱(제창)

● 쓰기순서
丨 口 口 吅 吅 吅 吅 吅 唱 唱 唱

| 총획 | 11획 | 뜻 | 참석하다, 석 삼, 세 개

참석하다의 뜻이다. 㐱(숱많고검을진)숱 많고 검은 머리를 길게 하고 厶 스스로 모임에 참석하다. (厶 스스로사)

● 사자성어
參與(참여), 參席(참석), 參加(참가)

● 쓰기순서
㇀ 厶 厽 厽 厽 厽 叅 叅 參 參

| 총획 | 7획 | 뜻 | 처음, 시작, 시초

처음을 말한다. 衣(옷의)옷을 刀 칼로 재단하여 처음으로 만들어 입다. (衤=衣)

● 사자성어
初步(초보), 最初(최초), 今時初聞(금시초문), 自初至終(자초지종)

● 쓰기순서
丶 ㇀ 衤 衤 衤 初 初

| 총획 | 12획 | 뜻 | 가장, 제일, 으뜸, 최상

가장을 말한다. 식물을 取(가질취)가지기 위해서는 日 햇빛이 가장 좋아야 한다. (日 날일, 태양, 햇빛)

● 사자성어
最高(최고)

● 쓰기순서
丨 口 曰 曰 旦 旦 昺 昺 昺 最 最 最

5급

빌 축

|총획| 10획 |뜻| 빌다, 기원하다, 축하하다

빌다의 뜻이다. 어머니가 兄(형형)형을 위해 정성을 示(보일시)보이며 빌다.

● 사자성어
祝福(축복), 祝賀(축하), 祝祭(축제)

● 쓰기순서
一 二 亍 亓 禾 示 永 礽 祀 祝

찰 충

|총획| 6획 |뜻| 차다, 채우다, 가득차다

차다의 뜻이다. 儿걸어다니며 厶스스로 노력하니 亠머리에 지식이 차다.
(厶사사사, 스스로사)

● 사자성어
充分(충분), 充實(충실), 補充(보충)

● 쓰기순서
丶 一 亠 云 亦 充

이를 치

|총획| 10획 |뜻| 이르다, 도달하다, 이루다

이르다의 뜻이다. 자신을 攵(칠복)채찍질하며 꾸준히 노력하여 목표에 至(이를지) 이르다.

● 사자성어
一致(일치), 滿場一致(만장일치), 格物致知(격물치지)

● 쓰기순서
一 丆 厸 厸 至 至 到 致 致 致

법칙 칙

|총획| 9획 |뜻| 법칙, 준칙, 모범

법칙을 말한다. 貝재물을 刂칼로 자르듯이 나누는 것에도 일정한 법칙이 있다.

● 사자성어
原則(원칙), 規則(규칙), 法則(법칙)

● 쓰기순서
丨 冂 冂 冃 目 貝 貝 則 則

칠 타

|총획| 5획　|뜻| 치다, 세다, 때리다

치다의 뜻이다. 달구어진 쇠를 扌손수 잡고 丁농기구를 만들기 위해 망치로 내려치다.

● 사자성어
毆打(구타), 一網打盡(일망타진), 利害打算(이해타산)

● 쓰기순서
一 十 扌 扌 打

다를 타

|총획| 5획　|뜻| 다르다, 겹치다

다르다는 뜻이다. 亻사람은 저마다 개성이 있고 也또 성격도 다르다.
(也 어조사야, 잇기야, 또)

● 사자성어
他人(타인), 排他的(배타적)

● 쓰기순서
丿 亻 亻 仳 他

물건 품

|총획| 9획　|뜻| 물건, 물품, 품격

물건을 뜻한다. 口口口물건들이 잔뜩 品쌓여있는 모양.

● 사자성어
製品(제품), 上品(상품), 食品(식품)

● 쓰기순서
丨 口 口 口 吕 吕 品 品 品

찰 한

|총획| 12획　|뜻| 차다, 춥다, 오싹하다

차다의 뜻이다. 차가운 冫(얼음빙)얼음으로 얼음 宀집인 이글루를 共함께 만들다.

● 사자성어
大寒(대한), 雪寒(설한), 嚴冬雪寒(엄동설한)

● 쓰기순서
丶 宀 宀 宀 宀 宙 宙 宲 寒 寒 寒

5급

한자능력검정시험 5급

물 하

| 총획 | 8획 | 뜻 | 물, 강, 운하 |

물을 말한다. 생물들은 氵(물수)물가를 주변으로 하여 살아가는 것이 可(옳을가)옳다.

● 사자성어
河川(하천), 河口(하구)

● 쓰기순서
丶 氵 氵 氵 氵 氵 河 河 河

붓 필

| 총획 | 12획 | 뜻 | 붓, 글씨, 필기도구 |

붓을 말한다. ⺮대나무로 聿(붓율)붓을 만들다. (竹=⺮)

● 사자성어
手筆(수필), 執筆(집필)

● 쓰기순서
丿 ⺮ ⺮ ⺮ ⺮ ⺮ 竺 笁 笁 等 筆 筆

해할 해

| 총획 | 10획 | 뜻 | 해하다, 해롭다, 훼방하다, 해치다 |

해하다의 뜻이다. 宀집 主주인이 口입으로 해로운 말을 하며 해하다.

● 사자성어
被害(피해), 妨害(방해), 侵害(침해)

● 쓰기순서
丶 宀 宀 宀 宀 宀 宝 害 害 害

허락할 허

| 총획 | 11획 | 뜻 | 허락하다, 승낙하다 |

허락하다의 뜻이다. 午(낮오)낮에 言말로 허락하다.

● 쓰기순서
丶 亠 亠 言 言 言 計 許 許 許 許

| 총획 | 12획 | 뜻 | 호수, 연못

호수를 말한다. 氵물이 많은 호수가 胡(되호)되다.

● 사자성어
湖水(호수), 江湖(강호)

● 쓰기순서
丶 丶 氵 汁 汁 沽 沽 沽 洓 湖 湖 湖

| 총획 | 4획 | 뜻 | 된다, 되어지다, 달라지다

되다의 뜻이다. 亻사람이 무딘 쇠를 갈아 날카로운 匕(비수비)비수가 되다.

● 사자성어
深化(심화), 强化(강화), 惡化(악화)

● 쓰기순서
丿 亻 化 化

| 총획 | 11획 | 뜻 | 근심, 걱정, 염려하다

근심을 말한다. 슬픈소식이 心 마음을 串(꿰뚫관)꿰뚫어 근심스럽다.

● 사자성어
憂患(우환), 患者(환자), 外患(외환)

● 쓰기순서
丶 口 口 口 吕 吕 串 串 患 患 患

| 총획 | 10획 | 뜻 | 본받다, 드러내다, 배우다

본 받다의 뜻이다. 사람을 攵때리지 않는 본받을 만한 사람을 交(사귈교)사귀다.

● 사자성어
效率的(효율적), 效果(효과), 效力(효력), 實效性(실효성)

● 쓰기순서
丶 一 亠 亠 方 交 交 刻 効 效

5급 한자 해석에 사용된 부수 글자

賈	人 = 亻 = 儿 = 𠆢	止
값 가	사람 인	그칠 지
咸	各	木
다 함	각각 각	나무 목
口	力	夂
입 구	힘 력	길게걸을 인
聿	牛	土
붓 율	소 우	흙 토
厶	宀	扌 = 手
스스로 사, 사사 사	집 면	손 수
與	己	攵 = 攴
더불어 여	몸 기, 자기 기	칠 복
目	氵 = 冰 = 水	夬
눈 목	물 수, 삼수 변	터놓을 쾌
糸	吉	句
실 사	길할 길	글귀 구

艹 = 丱	京	巠
풀 초	서울 경	물길 경
車	兄	立
수레 차	형 형, 맏 형	설 립
川	田	古
내 천	밭 전	옛 고
耂 = 老	言	咼
늙을 로	말씀 언	입삐뚤어질 괘
辶	門	屮
갈 착, 쉬엄쉬엄갈 착	문 문	싹날 철
雚	見	戶
황새 관	볼 견	집 호, 집 엄
可	求	貝
옳을 가	구할 구	조개 패
一	隹	臼
한 일	새 추	절구 구

5급

5급 한자 해석에 사용된 부수 글자

高	夫	合
높을 고	지아비 부	합할 합

士	月 = 肉	其
선비	달 월, 육달 월 (고기육으로도 사용된다)	그 기

气	今	匕
기운 기	이제 금	비수 비

食	專	旦
밥 식	오로지 전	아침 단

亠	亶	悳
머리 두, 돼지머리 두	믿음 단, 단단	클 덕

刂 = 刀	至	山
칼 도	이를 지	산 산, 뫼 산, 메 산

鳥	者	四 = 罔 = 网 = 冂
새 조	놈 자	그물 망

勹 = 包	阝	虫
쌀 포	언덕 부	벌레 훼(충)

令	冫	良
하여금 령	얼음 빙	좋을 량
衣	里	千
옷 의	마을 리	일천 천
方	止	歷
모 방 (각이진, 모가난, 네모진의 뜻)	그칠 지	책력 역
束	頁	亡
묶을 속	머리 혈	망할 망
玉	㐬	米
구슬 옥	깃발 류	쌀 미
六	斗	炏
여섯 육	말 두	불꽃 개
凵	大	羊
입벌릴 감	큰 대	양 양
厂	又	斤
산기슭 엄, 기슭 엄	또 우	도끼 근

5급

5급 한자 해석에 사용된 **부수** 글자

音	春	丰
소리 음	봄 춘	예쁠 봉

示	畐	上
보일 시	가득할 복	윗 상

十	丶	弗
열 십	점 주	아닐 불

自	廾	中
스스로 자	받들 공	가운데 중

鳥	且	生
까치 작	또 차, 잠깐	날 생

冏 = 囧	广	子
빛날 경	집 엄	아들 자

心 = 忄 = 㣺	先	戊
마음 심	먼저 선	무성할 무

少	百	戈
적을 소	일백 백	창 과

安	亞	毋
편안할 안	버금 아	꿸 관
勺	魚	尸
구기 작	고기 어	주검 시
埶	意	元
재주 예	뜻 의	으뜸 원
女	襾	日
여자 여, 계집 녀	덮을 아	날 일
谷	雨	云
골짜기 곡, 골 곡	비 우	이를 운
广	原	韋
클 광	근원 원	가죽 위
泉	壬	囗
샘 천	천간 임	에워쌀 위, 입구 몸
丌	白	宁
책상 기, 받침 대, 그	흰 백	편안할 녕

5급

5급 한자 해석에 사용된 부수 글자

爫 = 爪	用	巛
손톱 조	쓸 용	내 천, 개미허리 천
火	才	曲
불 화	재주 재	굽을 곡
卽	占	亭
곧 즉	차지할 점	정자 정
靑	周	品
푸를 청	두루 주	물건 품
辶	非	禾
갈 착	아닐 비	벼 화
冬	金	戈
겨울 동	쇠 금	날카로울 질
主	彡	參
주인 주	터럭 삼	숱많고 검을 진
取	交	串
가질 취	사귈 교	꿰뚫 관

丁	也	午
고무래 정, 농기구	어조사 야, 잇기 야	낮 오

月
달 월
(몸, 육달월로 쓰인다.)

5급 한자 써 보기

써보기 1

한자	價	感	格	加	可
훈·음					
한자	健	建	件	去	客
훈·음					
한자	擧	改	見	決	結
훈·음					
한자	敬	景	輕	競	曲
훈·음					
한자	固	考	告	課	過
훈·음					

써보기 2

한자	關	觀	局	救	具
훈·음					
한자	舊	矯	貴	規	給
훈·음					
한자	吉	期	汽	技	基
훈·음					
한자	己	念	能	團	壇
훈·음					
한자	德	當	談	到	島
훈·음					

5급

5급 한자 써 보기

써보기 3

한자	都	獨	良	冷	朗
훈·음					
한자	落	量	旅	歷	練
훈·음					
한자	領	令	陸	買	賣
훈·음					
한자	望	流	類	料	勞
훈·음					
한자	黑	馬	末	凶	美
훈·음					

써보기 4

한자	反	兵	變	法	倍
훈·음					
한자	奉	福	比	士	仕
훈·음					
한자	氷	費	鼻	史	思
훈·음					
한자	寫	査	産	相	商
훈·음					
한자	賞	序	性	束	洗
훈·음					

5급

5급 한자 써 보기

써보기 5

한자	歲	首	宿	順	示
훈·음					
한자	識	臣	案	惡	兒
훈·음					
한자	實	約	養	魚	漁
훈·음					
한자	屋	葉	熱	億	完
훈·음					
한자	要	曜	浴	用	雨
훈·음					

써보기 6

한자	友	牛	雲	雄	元
훈·음					
한자	願	原	偉	位	院
훈·음					
한자	任	因	以	赤	的
훈·음					
한자	貯	爭	再	災	材
훈·음					
한자	典	傳	展	節	切
훈·음					
한자	店	情	停	調	操
훈·음					

5급

써보기 7

한자	週	罪	終	種	卒
훈·음					
한자	州	止	質	鐵	責
훈·음					
한자	唱	參	初	最	祝
훈·음					
한자	充	致	則	打	他
훈·음					
한자	品	寒	河	筆	害
훈·음					
한자	許	湖	化	患	效
훈·음					

써보기 8

훈·음	값 가	느낄 감	격식 격	더할 가	옳을 가
한자					
훈·음	굳셀 건	세울 건, 사건 건	물건 건	갈 거	손 객
한자					
훈·음	들 거	고칠 개	볼 견	결단(터질) 결	맺을 결
한자					
훈·음	공경 경	볕 경	가벼울 경	다툴 경	굽을 곡
한자					
훈·음	굳을 고	생각(상고)할 고	고할(알릴) 고	공부할 과, 과정 과	지날 과
한자					

5급

5급 한자 써 보기

써보기 9

훈·음	관계할 관	볼 관	판 국	구원할 구	갖출 구
한자					
훈·음	옛(옛날) 구	다리 교	귀할 귀	법 규	줄 급
한자					
훈·음	길할 길	기약할 기	물끓는김 기, (김 기)	재주 기	터 기
한자					
훈·음	몸 기	생각 념	능할 능	둥글 단	단 단
한자					
훈·음	큰 덕	마땅할 당, 당당할 당	말씀 담	이를 도	섬 도
한자					

써보기 10

훈·음	도울 도	홀로 독	좋을(어질) 량	찰 냉	밝을 랑
한자					
훈·음	떨어질 락	헤아릴 량	나그네 려	지날 력	익힐 련
한자					
훈·음	거느릴 령	하여금 령	뭍 육	살 매	팔 매
한자					
훈·음	바랄 망	흐를 류	무리 류	헤아릴 료	일할 로
한자					
훈·음	검을 흑	말 마	끝 말	흥할 흥	아름다울 미
한자					

5급 한자 써 보기

써보기 11

훈·음	돌이킬 반	병사 병	변할 변	법 법	곱 배
한자					
훈·음	받들 봉	복 복	견줄 비	선비 사	섬길 사
한자					
훈·음	얼음 빙	쓸 비	코 비	사기 사	생각할 사
한자					
훈·음	베낄 사	조사할 사	낳을 산	서로 상	장사 상
한자					
훈·음	상줄 상	차례 서	성품 성	묶을 속	씻을 세
한자					

써보기 12

훈·음	해 세	머리 수	잘 숙	순할 순	보일 시
한자					
훈·음	알 식	신하 신	책상 안	악할 악	아이 아
한자					
훈·음	열매 실	맺을 약	기를 양	고기 어	고기잡을 어
한자					
훈·음	집 옥	잎 엽	더울 열	억 억	완전할 완
한자					
훈·음	요긴할 요	빛날 요	목욕할 욕	쓸 용	비 우
한자					

써보기 13

훈·음	벗 우	소 우	구름 운	수컷 웅	으뜸 원
한자					
훈·음	원할 원	언덕 원	클 위	자리 위	집 원
한자					
훈·음	맡길 임	인할 인	써 이	붉을 적	과녁 적
한자					
훈·음	쌓을 저	다툴 쟁	두 재	재앙 재	재목 재
한자					
훈·음	법 전	전할 전	펼 전	마디 절	끊을 절
한자					
훈·음	가게 점	뜻 정	머무를 정	고를 조	잡을 조
한자					

써보기 14

훈·음	돌 주	허물 죄	마칠 종	씨 종	마칠 졸
한자					
훈·음	고을 주	그칠 지	바탕 질	쇠 철	꾸짖을 책
한자					
훈·음	부를 창	참여할 참, (석 삼)	처음 초	가장 최	빌 축
한자					
훈·음	찰 충	보낼 치, 이를 치	법칙 칙	칠 타	다를 타
한자					
훈·음	물건 품	찰 한	물 하	붓 필	해할 해
한자					
훈·음	허락할 허	호수 호	될 화	근심 환	본받을 효
한자					

5급 한자 써 보기 정답

• 써보기 1 •

값가	느낄감	격식격	더할가	옳을가
굳셀건	세울건	사건건, 물건건	갈거	손객
들거	고칠개	볼견	결단(터질)결	맺을결
공경경	별경	가벼울경	다툴경	굽을곡
굳을고	생각(상고)할고	고할(알릴)고	공부할과, 과정과	지날과

• 써보기 2 •

관계할관	볼관	판국	구원할구	갖출구
옛(옛날)구	다리교	귀할귀	법규	줄급
길할길	기약할기	물끓는김기, (김기)	재주기	터기
몸기	생각념	능할능	둥글단	단단
큰덕	마땅할당, 당당할당	말씀담	이를도	섬도

• 써보기 3 •

도읍도	홀로독	좋을(어질)량	찰냉	밝을랑
떨어질락	헤아릴량	나그네려	지날력	익힐련
거느릴령	하여금령	뭍육	살매	팔매
바랄망	흐를류	무리류	헤아릴료	일할로
검을흑	말마	끝말	흉할흉	아름다울미

• 써보기 4 •

돌이킬반	병사병	변할변	법법	곱배
받들봉	복복	견줄비	선비사	섬길사
얼음빙	쓸비	코비	사기사	생각할사
베낄사	조사할사	낳을산	서로상	장사상
상줄상	차례서	성품성	묶을속	씻을세

• 써보기 5 •

해세	머리수	잘숙	순할순	보일시
알식	신하신	책상안	악할악	아이아
열매실	맺을약	기를양	고기어	고기잡을어
집옥	잎엽	더울열	억억	완전할완
요긴할요	빛날요	목욕할욕	쓸용	비우

• 써보기 6 •

벗우	소우	구름운	수컷웅	으뜸원
원할원	언덕원	클위	자리위	집원
맡길임	인할인	써이	붉을적	과녁적
쌓을저	다툴쟁	두재	재앙재	재목재
법전	전할전	펼전	마디절	끊을절
가게점	뜻정	머무를정	고를조	잡을조

• 써보기 7 •

돌주	허물죄	마칠종	씨종	마칠졸
고을주	그칠지	바탕질	쇠철	꾸짖을책
부를창	참여할참, (석삼)	처음초	가장최	빌축
찰충	보낼치, 이를치	법칙칙	칠타	다를타
물건품	찰한	물하	붓필	해할해
허락할허	호수호	될화	근심환	본받을효

• 써보기 8 •

價	感	格	加	可
健	建	件	去	客
擧	改	見	決	結
敬	景	輕	競	曲
固	考	告	課	過

5급 한자 써 보기 정답

• 써보기 9 •

關	觀	局	救	具
舊	矯	貴	規	給
吉	期	汽	技	基
己	念	能	團	壇
德	當	談	到	島

• 써보기 10 •

都	獨	良	冷	朗
落	量	旅	歷	練
領	令	陸	買	賣
望	流	類	料	勞
黑	馬	末	凶	美

• 써보기 11 •

反	兵	變	法	倍
奉	福	比	士	仕
氷	費	鼻	史	思
寫	查	産	相	商
賞	序	性	束	洗

• 써보기 12 •

歲	首	宿	順	示
識	臣	案	惡	兒
實	約	養	魚	漁
屋	葉	熱	億	完
要	曜	浴	用	雨

• 써보기 13 •

友	牛	雲	雄	元
願	原	偉	位	院
任	因	以	赤	的
貯	爭	再	災	材
典	傳	展	節	切
店	情	停	調	操

• 써보기 14 •

週	罪	終	種	卒
州	止	質	鐵	責
唱	參	初	最	祝
充	致	則	打	他
品	寒	河	筆	害
許	湖	化	患	效

5급

한자능력검정시험 5급 예상문제 1회

1 다음 한자의 음(음)을 쓰시오.

(1) 옛날① 舊(　　)에 놓인 다리② 橋(　　)는 낡아서 튼튼히 고쳐 ③ 改(　　)서 써야 안전하다.

(2) 남의 허물 ① 罪(　　)를 들추는 것을 그치 ② 止(　　)고 덕 ③ 德(　　)을 쌓고 살면 공경 ④ 敬(　　)을 받게 된다.

(3) 섬 ① 島(　　)은 새들의 고향이다 흐르는 ② 流(　　)는 물결의 색이 푸르다.

(4) 언덕에 이르러① 到(　　) 터 ② 基(　　)를 잡고 건물을 세우고 ③ 建(　　)세웠다.

(5) 지나가는 상 ① 商(　　)인에게 바둑 판 ② 局(　　)을 값 ③ 價(　　)을 주고 사 ④ 買(　　)와 몸 ⑤ 己(　　)을 구부리고 ⑥ 曲(　　) 앉아서 친구와 바둑을 두었다.

(6) 말① 馬(　　)을 탄 병사② 兵(　　)가 말 타는 법을 익히③ 練(　　)고 차례 ④ 序(　　)로 무리 ⑤ 類(　　)를 지어 행군하였다.

(7) 지난 역사 ① 歷(　　)는 반드시 돌이켜 ② 反(　　)서 좋은 것은 배워야 한다.

2 다음 한자의 음(음)을 쓰시오.

(1) 뭍① 陸(　　)에서는 물고기② 魚(　　)가 살지 못한다.

(2) 시골에 집① 屋(　　)에서는 소나 양을 길렀 ② 養(　　)다.

(3) 고기를 잡아① 漁(　　) 비 ② 雨(　　)를 피하여 말려 건조시키면 겨울에 요긴하게 ③ 要(　　) 사용 ④ 用(　　) 한다.

(4) 나는 벗 ① 友(　　)으로 인하여② 因(　　) 공부 ③ 課(　　)를 평소보다 더 ④ 加(　　)하게 되었고 법⑤ 典(　　) 전을 읽은 후에 사법고시 시험을 합격할 수 있었다.

(5) 부모들은 귀한 ① 貴(　　) 자식들이 잘 되기를 기원할 때 둥글② 團(　　)게 단 ③ 壇(　　)을 쌓고 복④ 福(　　) 받기를 간절히 원⑤ 願(　　)한다.

(6) 지나가는 나그네① 旅(　　)가 들녘에 자리② 位(　　)를 골라③ 調(　　) 잡고 ④ 操(　　)서 잠시 머물⑤ 停(　　)다 보니 소⑥ 牛(　　)를 끌고 농부가 밭을 갈고 있었다.

3 다음 한자의 음(음)을 쓰시오.

(1) 근심① 患(   )이 생겨 호수② 湖(   ) 가에서 머리를 식혔다.

(2) 겨울엔 기온이 내려가 차가워① 寒(   ) 지면 물이 얼음② 氷(   )으로 변한다.

(3) 우리 가게① 店(   )의 물건② 品(   )들은 가장 좋은 최③ 最(   )고의 상품만을 골라서 진열하였습니다.

(4) 근심이 생기면 혼자① 獨(   )서 고민하지 말고 강 ② 河(   )가에 떨쳐③ 落(   ) 버리고 밝게④ 朗(   ) 살아야 한다.

(5) 우리 고을① 州(   )에서는 처음② 初(   )으로 노래 부르기③ 唱(   ) 축 ④ 祝(   )제를 하였다. 마당에 사람들로 가득 찼⑤ 充(   )다.

정답

1 (1) ① 옛구 ② 다리교 ③ 고칠개 (2) ① 허물죄 ② 그칠지 ③ 큰덕 ④ 공경경 (3) ① 섬도 ② 흐를류 (4) ① 이를도 ② 터기 ③ 세울건 (5) ① 장사상 ② 판국 ③ 값가 ④ 살매 ⑤ 몸기 ⑥ 굽을곡 (6) ① 말마 ② 병사병 ③ 익힐련 ④ 차례서 ⑤ 무리류 (7) ① 지날력 ② 돌이키반

2 (1) ① 뭍육 ② 물고기어 (2) ① 집옥 ② 기를양 (3) ① 고기잡을어 ② 비우 ③ 요긴할요 ④ 쓸용 (4) ① 벗우 ② 인할인 ③ 공부할과 ④ 더할가 ⑤ 법전 (5) ① 귀한, 귀할귀 ② 둥글단 ③ 단단 ④ 복복 ⑤ 원활원 (6) ① 나그네려 ② 자리위 ③ 고을조 ④ 잡을조 ⑤ 머무를정 ⑥ 소우

3 (1) ① 근심환 ② 호수호 (2) ① 찰한 ② 얼음빙 (3) ① 가게점 ② 물건품 ③ 가장최 (4) ① 홀로독 ② 물하 ③ 떨어질락 ④ 밝을랑 (5) ① 고을주 ② 처음초 ③ 부를창 ④ 빌축 ⑤ 찰충

한자능력검정시험 5급 예상문제 2회

1 다음 漢字(한자)의 訓(훈:뜻)과 음을 이으시오.

보기　　感(느낄) → 감

(1) 格(격식) → ① (　　)
(2) 可(옳을) → ② (　　)
(3) 健(굳셀) → ③ (　　)
(4) 擧(들) → ④ (　　)
(5) 客(손) → ⑤ (　　)

2 다음 漢字(한자)의 訓(훈:뜻)을 쓰시오.

(1) 件(　　)건　(2) 輕(　　)경
(3) 去(　　)거　(4) 競(　　)경
(5) 決(　　)결　(6) 固(　　)고
(7) 結(　　)결　(8) 考(　　)고
(9) 告(　　)고　(10) 關(　　)관
(11) 觀(　　)관　(12) 局(　　)국
(13) 救(　　)구　(14) 具(　　)구
(15) 規(　　)규　(16) 給(　　)급
(17) 吉(　　)길　(18) 期(　　)기
(19) 汽(　　)기　(20) 技(　　)기

3 다음 漢字(한자)의 訓(훈:뜻)과 音(음:소리)을 쓰시오.

보기　　雪 → 눈설

(1) 雄(　　)　(2) 念(　　)
(3) 能(　　)　(4) 當(　　)
(5) 談(　　)　(6) 都(　　)
(7) 良(　　)　(8) 冷(　　)
(9) 量(　　)　(10) 領(　　)
(11) 賣(　　)　(12) 令(　　)
(13) 料(　　)　(14) 勞(　　)
(15) 末(　　)　(16) 美(　　)
(17) 變(　　)　(18) 倍(　　)

4 다음 漢子(한자)의 독음을 쓰시오.

(1) 凶(　　)　(2) 宿(　　)
(3) 奉(　　)　(4) 順(　　)
(5) 福(　　)　(6) 比(　　)
(7) 士(　　)　(8) 仕(　　)
(9) 費(　　)　(10) 鼻(　　)
(11) 思(　　)　(12) 査(　　)
(13) 寫(　　)　(14) 産(　　)

(15) 相 (　　)　(16) 賞 (　　)　　(11) 曜 (　　)　(12) 浴 (　　)
(17) 性 (　　)　(18) 束 (　　)　　(13) 雲 (　　)　(14) 元 (　　)
(19) 首 (　　)　(20) 歲 (　　)　　(15) 原 (　　)　(16) 偉 (　　)

5 다음 漢字(한자)의 訓(훈:뜻)을 쓰시오.

> 보기　　訓 → 가르칠훈

(1) 識 (　　)　(2) 臣 (　　)
(3) 惡 (　　)　(4) 兒 (　　)
(5) 實 (　　)　(6) 約 (　　)
(7) 葉 (　　)　(8) 熱 (　　)
(9) 億 (　　)　(10) 完 (　　)

6 다음 〈보기〉에서 골라 번호를 쓰시오.

> 보기　①院　②任　③以　④赤
> 　　　⑤的　⑥貯　⑦爭　⑧再

(1) 다툴 (　　)　(2) 붉을 (　　)
(3) 맡길 (　　)　(4) 쌓을 (　　)
(5) 써　 (　　)　(6) 과녁 (　　)
(7) 집　 (　　)　(8) 두　 (　　)

정답

1　(1) 격　(2) 가　(3) 건　(4) 거　(5) 객
2　(1) 사건건　(2) 가벼울경　(3) 갈거　(4) 다툴경　(5) 결단할, 터질결　(6) 굳을고　(7) 맺을결　(8) 생각할고　(9) 고할고　(10) 관계할관　(11) 볼관　(12) 판국　(13) 구원할구　(14) 갖출구　(15) 법규　(16) 줄급　(17) 길할길　(18) 기약할기　(19) 김기　(20) 재주기
3　(1) 수컷웅　(2) 생각념　(3) 능할능　(4) 마땅할당　(5) 말씀담　(6) 도울도　(7) 좋을량　(8) 찰냉　(9) 헤아릴량　(10) 거느릴령　(11) 팔매　(12) 하여금령　(13) 헤아릴료　(14) 일할로　(15) 끝말　(16) 아름다울미　(17) 변할변　(18) 곱배
4　(1) 흉　(2) 숙　(3) 봉　(4) 순　(5) 복　(6) 비　(7) 사　(8) 사　(9) 비　(10) 비　(11) 사　(12) 사　(13) 사　(14) 산　(15) 상　(16) 상　(17) 성　(18) 속　(19) 수　(20) 세
5　(1) 알식　(2) 신하신　(3) 악할악　(4) 아이아　(5) 열매실　(6) 맺을약　(7) 잎엽　(8) 더울열　(9) 억억　(10) 완전할완　(11) 빛날요　(12) 목욕할욕　(13) 구름운　(14) 으뜸원　(15) 언덕원　(16) 클위
6　(1) ⑦　(2) ④　(3) ②　(4) ⑥　(5) ③　(6) ⑤　(7) ①　(8) ⑧

한자능력검정시험 5급 예상문제 3회

1 다음 漢字(한자)의 訓(훈:뜻)과 音(음:소리)를 쓰시오.

보기 罪 → 허물죄

(1) 災 (   )   (2) 材 (   )
(3) 傳 (   )   (4) 展 (   )
(5) 節 (   )   (6) 切 (   )
(7) 情 (   )   (8) 操 (   )
(9) 週 (   )   (10) 終 (   )
(11) 種 (   ) (12) 卒 (   )
(13) 質 (   ) (14) 責 (   )
(15) 參 (   ) (16) 充 (   )
(17) 致 (   ) (18) 則 (   )
(19) 打 (   ) (20) 他 (   )

(11) 祝 (   )축   (12) 唱 (   )창
(13) 患 (   )환   (14) 品 (   )품
(15) 店 (   )점   (16) 停 (   )정
(17) 湖 (   )호   (18) 調 (   )조
(19) 河 (   )하   (20) 初 (   )초

2 다음 漢子(한자)의 뜻을 쓰시오.

(1) 筆 (   )필   (2) 害 (   )해
(3) 許 (   )허   (4) 化 (   )화
(5) 效 (   )효   (6) 寒 (   )한
(7) 罪 (   )죄   (8) 鐵 (   )철
(9) 止 (   )지   (10) 質 (   )질

3 다음 〈보기〉에서 골라 音(음을) 쓰시오.

보기
① 價 ② 感 ③ 格 ④ 加 ⑤ 可
⑥ 建 ⑦ 改 ⑧ 見 ⑨ 曲 ⑩ 競
⑪ 固 ⑫ 救 ⑬ 具 ⑭ 舊 ⑮ 橋
⑯ 告 ⑰ 貴 ⑱ 念 ⑲ 規 ⑳ 基

(1) 값   (   )
(2) 느낄   (   )
(3) 격식   (   )
(4) 더할   (   )
(5) 옳을   (   )
(6) 세울   (   )
(7) 고칠   (   )
(8) 볼   (   )
(9) 굽을   (   )

(10) 다툴 ( )

(11) 굳을 ( )

(12) 구원할 ( )

(13) 갖출 ( )

(14) 옛 ( )

(15) 다리 ( )

(16) 고할, 알릴 ( )

(17) 귀할 ( )

(18) 생각 ( )

(19) 법 ( )

(20) 터 ( )

4 같은 음을 가진 한자끼리 이으시오.

> 보기 團(단) → 壇(단)

(1) 到 •　　　　• ① 己
(2) 基 •　　　　• ② 固
(3) 考 •　　　　• ③ 島
(4) 健 •　　　　• ④ 建
(5) 相 •　　　　• ⑤ 商
(6) 賣 •　　　　• ⑥ 史
(7) 思 •　　　　• ⑦ 買
(8) 令 •　　　　• ⑧ 友
(9) 漁 •　　　　• ⑨ 領
(10) 牛 •　　　　• ⑩ 魚

1 (1) 재앙재 (2) 재목재 (3) 전할전 (4) 펼전 (5) 마디절 (6) 끊을절 (7) 뜻정 (8) 잡을조 (9) 돌주 (10) 마칠종 (11) 씨종 (12) 마칠졸 (13) 바탕질 (14) 꾸짖을책 (15) 참여할참. 석삼 (16) 찰충 (17) 보낼치 (18) 법칙칙 (19) 칠타 (20) 다를타
2 (1) 붓 (2) 해할 (3) 허락할 (4) 될 (5) 본받을 (6) 찰 (7) 허물 (8) 쇠 (9) 그칠 (10) 바탕 (11) 빌 (12) 부를 (13) 근심 (14) 물건 (15) 가게 (16) 머무를 (17) 호수 (18) 고를 (19) 물 (20) 처음
3 (1) ① 가 (2) ② 감 (3) ③ 격 (4) ④ 가 (5) ⑤ 가 (6) ⑥ 건 (7) ⑦ 개 (8) ⑧ 견 (9) ⑨ 곡 (10) ⑩ 경 (11) ⑪ 고 (12) ⑫ 구 (13) ⑬ 구 (14) ⑭ 구 (15) ⑮ 교 (16) ⑯ 고 (17) ⑰ 귀 (18) ⑱ 념 (19) ⑲ 규 (20) ⑳ 기
4 (1) ③ (2) ① (3) ② (4) ④ (5) ⑤ (6) ⑦ (7) ⑥ (8) ⑨ (9) ⑩ (10) ⑧

한자능력검정시험 5급 예상문제 4회

1 같은 음을 가진 한자끼리 이으시오.

(1) 元 •　　　　• ① 再
(2) 材 •　　　　• ② 原
(3) 節 •　　　　• ③ 赤
(4) 的 •　　　　• ④ 展
(5) 傳 •　　　　• ⑤ 切

2 다음 漢子(한자)의 뜻을 쓰시오.

보기　　價 → (값)가

(1) 景 (　　)경　　(2) 過 (　　)과
(3) 課 (　　)과　　(4) 告 (　　)고
(5) 結 (　　)결　　(6) 關 (　　)관
(7) 結 (　　)기　　(8) 觀 (　　)관
(9) 吉 (　　)길　　(10) 能 (　　)능
(11) 團 (　　)단　　(12) 壇 (　　)단

3 다음 漢字(한자)의 讀音(독음)을 쓰시오.

(1) 當 (　　)　　(2) 談 (　　)
(3) 島 (　　)　　(4) 給 (　　)
(5) 都 (　　)　　(6) 比 (　　)
(7) 獨 (　　)　　(8) 望 (　　)
(9) 冷 (　　)　　(10) 朗 (　　)
(11) 歷 (　　)　　(12) 練 (　　)
(13) 流 (　　)　　(14) 反 (　　)
(15) 馬 (　　)　　(16) 黑 (　　)
(17) 落 (　　)　　(18) 旅 (　　)
(19) 勞 (　　)　　(20) 洗 (　　)

4 다음 〈보기〉에서 골라 音(음)을 쓰시오.

보기
① 黑　② 旅　③ 商　④ 落　⑤ 倍
⑥ 美　⑦ 福　⑧ 奉　⑨ 洗　⑩ 束
⑪ 凶　⑫ 性　⑬ 賞　⑭ 産　⑮ 兵
⑯ 料　⑰ 相　⑱ 歷　⑲ 良　⑳ 朗

(1) 검을　　(　　)
(2) 나그네　(　　)
(3) 장사　　(　　)
(4) 떨어질　(　　)

(5) 곱   (   )

(6) 아름다울 (   )

(7) 복   (   )

(8) 받들   (   )

(9) 씻을   (   )

(10) 묶을   (   )

(11) 흉할   (   )

(12) 성품   (   )

(13) 상줄   (   )

(14) 낳을   (   )

(15) 병사   (   )

(16) 헤아릴 (   )

(17) 서로   (   )

(18) 지날   (   )

(19) 좋을   (   )

(20) 밝을   (   )

5 다음 漢字(한자)의 訓(훈:뜻)에 음(음:소리)를 쓰시오.

보기   反 → 돌이킬반

(1) 寫 (   )   (2) 氷 (   )

(3) 査 (   )   (4) 類 (   )

(5) 變 (   )   (6) 陸 (   )

(7) 首 (   )   (8) 宿 (   )

(9) 完 (   )   (10) 典 (   )

(11) 切 (   )   (12) 的 (   )

5급

정답

1 (1)② (2)① (3)⑤ (4)③ (5)④

2 (1) 볕경 (2) 지날과 (3) 공부할과 (4) 알릴고 (5) 맺을결 (6) 관계할관 (7) 재주기 (8) 볼관 (9) 길할길 (10) 능할능 (11) 둥글단 (12) 단단

3 (1) 당 (2) 담 (3) 도 (4) 급 (5) 도 (6) 비 (7) 독 (8) 망 (9) 냉 (10) 랑 (11) 력 (12) 련 (13) 류 (14) 반 (15) 마 (16) 흑 (17) 락 (18) 려 (19) 로 (20) 세

4 (1) ① 흑 (2) ② 려 (3) ③ 상 (4) ④ 락 (5) ⑤ 배 (6) ⑥ 미 (7) ⑦ 복 (8) ⑧ 봉 (9) ⑨ 세 (10) ⑩ 속 (11) ⑪ 흉 (12) ⑫ 성 (13) ⑬ 상 (14) ⑭ 산 (15) ⑮ 병 (16) ⑯ 료 (17) ⑰ 상 (18) ⑱ 력 (19) ⑲ 량 (20) ⑳ 랑

5 (1) 베낄사 (2) 얼음빙 (3) 조사할사 (4) 무리류 (5) 변할변 (6) 뭍육 (7) 머리수 (8) 잘숙 (9) 완전할완 (10) 법전 (11) 끊을절 (12) 과녁적

103

한자능력검정시험 5급 기출문제 57회

※ 다음 밑줄 친 漢字語의 讀音을 쓰세요. (1-35)

(1) 대도시에서는 地下鐵(　　)을 이용하는 것이 좋습니다.

(2) 생필품 價格(　　)이 올라 걱정입니다.

(3) 選擧(　　) 참여와 투표는 우리 국민의 의무이자 권리입니다.

(4) 중산층이 두터워져야 민주주의도 發展(　　)합니다.

(5) 맑은 물소리와 푸르름이 가득한 고향의 여름 風景(　　)이 그립습니다.

(6) 넓은 知識(　　)보다는 배우려는 태도가 중요합니다.

(7) 컴퓨터 實行(　　) 프로그램에 오류가 생겼습니다.

(8) 삶에는 敗者(　　) 부활전이 있습니다.

(9) 어려운 문제일수록 차분히 思考(　　) 해야 합니다.

(10) 조속한 시일 안에 남북 문제가 改善(　　)되기를 바랍니다.

(11) 사랑은 아름다운 祝福(　　)입니다.

(12) 韓服(　　)의 아름다움은 세계에 널리 알려져 있습니다.

(13) 중동 사태로 국제 原油(　　) 가격이 치솟았습니다.

(14) 한국도 이제 觀光(　　)대국입니다.

(15) 공부를 열심히 했으므로 합격을 期待(　　)합니다.

(16) 외삼촌이 신춘문예에 登壇(　　)하였습니다.

(17) 수정과는 우리 고유의 飮料(　　)입니다.

(18) 最高(　　)가 되기보다 최선을 다하는 사람이 되자.

(19) 한여름 땀의 結果(　　)는 풍년으로 이어집니다.

(20) 국토 대장정의 마지막 목적지에 當到(　　)하였습니다.

(21) 모든 일이 順序(　　)대로 착착 진행되었습니다.

(22) 외국어를 잘 하기 위해서는 많은 練習(　　)이 필요합니다.

(23) 5월은 新綠(　　)의 계절입니다.

(24) 우리는 흥이 많은 民族(　　)입니다.

(25) 제주도는 올레길로 有名(　　)합니다.

(26) 남대문 시장에서는 많은 물건들이 賣買(　　)됩니다.

(27) 여행은 見聞(　　)을 넓혀줍니다.

(28) 必要(　　)는 발명의 어머니.

(29) 그는 지우개로 칠판의 落書(　　)를 지웠습니다.

(30) 부모님 奉養(　　)은 한국의 최고 미덕입니다.

(31) 約束(　　) 시간을 잘 지킵시다.

(32) 여름에는 氷水(   )가 제일 시원합니다.

(33) 性質(   )이 사나운 우리 집 강아지.

(34) 나의 꿈은 전 세계 바다를 누비는 船長(   )이 되는 것입니다.

(35) 어머니를 도와서 열심히 洗車(   )를 하였습니다.

※ 다음 漢字의 訓과 音을 쓰세요. (36-58)

(36) 競 (   )　(37) 念 (   )
(38) 寒 (   )　(39) 宅 (   )
(40) 淸 (   )　(41) 調 (   )
(42) 寫 (   )　(43) 望 (   )
(44) 漁 (   )　(45) 卓 (   )
(46) 節 (   )　(47) 炭 (   )
(48) 葉 (   )　(49) 曜 (   )
(50) 首 (   )　(51) 以 (   )
(52) 傳 (   )　(53) 臣 (   )
(54) 健 (   )　(55) 敬 (   )
(56) 談 (   )　(57) 英 (   )
(58) 效 (   )

※ 다음 글의 밑줄 친 단어를 漢字로 쓰세요. (59-73)

(59) 가을의 농촌(   )은 풍요롭습니다.

(60) 매월(   ) 한 번씩 정기적으로 모임을 가집니다.

(61) 부동표가 선거의 흐름을 좌우(   )합니다.

(62) 운동(   )을 꾸준히 하면 건강해집니다.

(63) 요즘은 음악(   ) 방송이 다양합니다.

(64) 지구 온난화로 만년설(   )이 녹고 있습니다.

(65) 교정(   )의 개나리가 활짝 피었습니다.

(66) 승리(   )의 여신이 우리에게 손을 흔들었습니다.

(67) 밤에는 방향(   )을 찾기가 어렵습니다.

(68) 할머니께서는 화초(   )를 잘 가꾸십니다.

(69) 재래시장(   )의 형편이 어렵습니다.

(70) 학생은 학업(   )에 충실해야 합니다.

(71) 우리나라 양궁 선수들이 잇달아 과녁에 명중(   )시켰습니다.

(72) 한여름에는 온도(   )가 너무 높아 지내기가 무척 힘듭니다.

(73) 오지 않은 내일(   )보다 오늘을 즐깁시다.

※ 다음 訓과 음에 맞는 漢字를 쓰세요. (74-78)

(74) 여름 하   (   )
(75) 아름다울 미 (   )
(76) 겨울 동   (   )
(77) 아우 제   (   )
(78) 옷 의   (   )

※ 다음 漢字와 뜻이 相對 또는 反對되는 한자를 쓰세요. (79-81)

(79) 輕 ↔ (   )
(80) (   ) ↔ 夜
(81) (   ) ↔ 入

※ 다음 (   )에 들어갈 가장 적절한 漢字語를 〈보기〉에서 찾아 그 번호를 써서 漢字語를 만드세요. (82-85)

보기
① 一致 ② 相規 ③ 書記 ④ 善惡
⑤ 孫孫 ⑥ 大同 ⑦ 安席 ⑧ 東風

(82) 過失(   ) : 나쁜 행실을 하지 못하도록 서로 규제함.
(83) 代代(   ) : 오래도록 내려오는 여러 대.
(84) 馬耳(   ) : 남의 말을 귀담아 듣지 않고 흘려버림.
(85) 言文(   ) : 실제로 쓰는 말과 그 말을 적은 글이 일치함.

※ 다음 漢字와 뜻이 같거나 비슷한 漢字를 〈보기〉에서 찾아 그 번호를 쓰세요. (86-88)

보기
① 打 ② 可 ③ 過
④ 數 ⑤ 成 ⑥ 患

(86) 算 (   )   (87) 病 (   )
(88) 許 (   )

※ 다음 漢字와 음은 같은데 뜻이 다른 漢字를 〈보기〉에서 두 개씩 찾아 그 번호를 쓰세요. (89-91)

보기
① 理 ② 史 ③ 歌 ④ 使
⑤ 共 ⑥ 歲 ⑦ 加 ⑧ 各
⑨ 角 ⑩ 公 ⑪ 世 ⑫ 里

(89) 家 : (   ), (   )
(90) 査 : (   ), (   )
(91) 李 : (   ), (   )

※ 다음 뜻풀이에 맞는 漢字語를 〈보기〉에서 찾아 그 번호를 쓰세요. (92~94)

보기
① 船首　② 前史　③ 戰士
④ 戰死　⑤ 電線　⑥ 戰線
⑦ 前線　⑧ 選手　⑨ 善手

(92) 싸움터에서 싸우다가 죽음. (　　)

(93) 전류가 흐르는 선. (　　)

(94) 운동 경기 따위에서 대표로 뽑힌 사람. (　　)

※ 다음 漢字의 약자(획수를 줄인 漢字)를 쓰세요. (95~97)

보기
體 → 体

(95) 禮 (　　)　(96) 藥 (　　)

(97) 圖 (　　)

※ 다음 漢字에 표시한 획은 몇 번째 쓰는지 〈보기〉에서 찾아 그 번호를 쓰세요. (98~100)

보기
① 첫 번째　② 두 번째
③ 세 번째　④ 네 번째
⑤ 다섯 번째　⑥ 여섯 번째
⑦ 일곱 번째　⑧ 여덟 번째
⑨ 아홉 번째　⑩ 열 번째
⑪ 열한 번째　⑫ 열두 번째

(98) 金

(99) 植

(100) 別

정답
(1) 지하철 (2) 가격 (3) 선거 (4) 발전 (5) 풍경 (6) 지식 (7) 실행 (8) 패자 (9) 사고 (10) 개선 (11) 축복 (12) 한복 (13) 원유 (14) 관광 (15) 기대 (16) 등단 (17) 음료 (18) 최고 (19) 결과 (20) 당도 (21) 순서 (22) 연습 (23) 신록 (24) 민족 (25) 유명 (26) 매력 (27) 견문 (28) 필요 (29) 낙서 (30) 봉양 (31) 약속 (32) 빙수 (33) 성질 (34) 선장 (35) 세차 (36) 다툴 경 (37) 생각(할) 념 (38) 찰 한 (39) 집 택 (40) 맑을 청 (41) 고를 조 (42) 베낄 사 (43) 바랄 망 (44) 고기잡을 어 (45) 높을 탁 (46) 마디 절 (47) 숯 탄 (48) 잎 엽 (49) 빛날 요 (50) 머리 수 (51) 써 이 (52) 전할 전 (53) 신하 신 (54) 굳셀 건 (55) 공경(할) 경 (56) 말씀 담 (57) 꽃부리 영 (58) 본받을 효 (59) 農村 (60) 每月 (61) 左右 (62) 運動 (63) 音樂 (64) 萬年雪 (65) 校庭 (66) 勝利 (67) 方向 (68) 花草 (69) 市場 (70) 學業 (71) 命中 (72) 溫度 (73) 來日 (74) 夏 (75) 美 (76) 冬 (77) 弟 (78) 衣 (79) 重 (80) 畫 (81) 出 (82) ② 相規 (83) ⑤ 孫孫 (84) ⑧ 東風 (85) ① 一致 (86) ④ 數 (87) ⑥ 患 (88) ② 可 (89) ③ 歌 (90) ② 史 ④ 使 (91) ① 理 ⑫ 里 (92) ④ 戰死 (93) ⑤ 電線 (94) ⑧ 選手 (95) 礼 (96) 薬 (97) 図 (98) ⑧ (99) ⑫ (100) ⑤

한자능력검정시험 5급 기출문제 58회

※ 다음 밑줄 친 漢字語의 讀音을 쓰세요. (1–35)

(1) 여러 번의 失敗(　　) 끝에 성공하였습니다.

(2) 이 물건의 品質(　　)은 매우 우수합니다.

(3) 책은 知識(　　)의 보고입니다.

(4) 우리는 幸福(　　)한 학교생활을 하고 있습니다.

(5) 학생은 規則(　　)을 잘 지켜야 합니다.

(6) 이 그림은 내 最初(　　)의 입선 작품입니다.

(7) 공책의 種類(　　)가 참 많습니다.

(8) 勞使(　　)가 힘을 합쳐야 나라가 발전합니다.

(9) 학생한테 꼭 必要(　　)한 것은 교과서입니다.

(10) 오랜 練習(　　) 끝에 드디어 우승을 하였습니다.

(11) 기준이는 勇氣(　　) 있는 소년입니다.

(12) 알맞게 먹었더니 消化(　　)가 잘 되었습니다.

(13) 기운이는 卓球(　　) 선수입니다.

(14) 이것은 特許(　　)를 받은 발명품입니다.

(15) 대통령은 選擧(　　)를 통해 선출됩니다.

(16) 오후 늦게 집에 到着(　　)하였습니다.

(17) 이것은 새로 考案(　　)한 발명품입니다.

(18) 고아원은 고아들을 養育(　　)하는 곳입니다.

(19) 공부한 效果(　　)가 있어 성적이 좋아졌습니다.

(20) 그는 나를 救命(　　)해 준 은인입니다.

(21) 너그러운 마음씨를 德性(　　)이라고 합니다.

(22) 영수는 明朗(　　)한 소년입니다.

(23) 형님이 이번에 중학교를 卒業(　　)하였습니다.

(24) 石炭(　　)은 광산에서 캐냅니다.

(25) 심청전은 우리나라의 古典(　　)입니다.

(26) 한 번 한 約束(　　)은 꼭 지켜야 합니다.

(27) 일은 順序(　　)에 따라 해야 합니다.

(28) 경주는 신라의 都邑(　　)지였습니다.

(29) 아침에 新鮮(　　)한 공기를 마십니다.

(30) 형님이 대학 입시에 合格(　　)하였습니다.

(31) 일 한 만큼 財産(　　)도 늘어납니다.

(32) 오랜 노력 끝에 그 技術(　　)을 익혔습니다.

(33) 이 번 일은 내 잘못이 原因(　　　)입니다.

(34) 영수는 責任(　　　)감이 강한 소년입니다.

(35) 내가 熱望(　　　)한 일이 드디어 이루어졌습니다.

※ 다음 漢字의 訓과 音을 쓰세요. (36-58)

(36) 患 (　　　)　(37) 災 (　　　)
(38) 歷 (　　　)　(39) 量 (　　　)
(40) 漁 (　　　)　(41) 領 (　　　)
(42) 歲 (　　　)　(43) 船 (　　　)
(44) 偉 (　　　)　(45) 廣 (　　　)
(46) 操 (　　　)　(47) 節 (　　　)
(48) 板 (　　　)　(49) 價 (　　　)
(50) 舊 (　　　)　(51) 觀 (　　　)
(52) 競 (　　　)　(53) 洋 (　　　)
(54) 禮 (　　　)　(55) 溫 (　　　)
(56) 勝 (　　　)　(57) 族 (　　　)
(58) 湖 (　　　)

※ 다음 글의 밑줄 친 단어를 漢字로 쓰세요. (59-73)

(59) 이곳 산촌(　　　)의 풍경이 아름답습니다.

(60) 이른 봄에 식목(　　　)을 합니다.

(61) 이 책의 주인(　　　)을 찾고 있습니다.

(62) 뜰 안 가득 화초(　　　)를 심었습니다.

(63) 철교 위를 급행(　　　)열차가 달리고 있습니다.

(64) 우리 바다를 해군(　　　)이 지키고 있습니다.

(65) 추석(　　　) 달은 유난히 밝습니다.

(66) 우리 교실(　　　)은 늘 깨끗합니다.

(67) 지나간 시간(　　　)은 다시 오지 않습니다.

(68) 오후에 시내(　　　)를 한 바퀴 돌았습니다.

(69) 남자와 여자를 남녀(　　　)라고 합니다.

(70) 쉬는 날을 휴일(　　　)이라고 합니다.

(71) 정직(　　　)한 사람은 믿음이 있습니다.

(72) 숙제를 하고나니 안심(　　　)이 됩니다.

(73) 길을 건널 때는 좌우(　　　)를 살펴야 합니다.

※ 다음 訓과 音에 맞는 漢字를 쓰세요. (74-78)

(74) 빠를 속 (　　)

(75) 눈 설 (　　)

(76) 아침 조 (　　)

(77) 길 로 (　　)

(78) 기름 유 (　　)

(84) 兄弟(　　) : 형제가 의좋게 사랑함.

(85) 交通(　　) : 가라 서라 등을 나타내는 표시.

※ 다음 漢字와 뜻이 相對 또는 反對되는 한자를 쓰세요. (79-81)

(79) (　　) ↔ 夜

(80) (　　) ↔ 害

(81) 去 ↔ (　　)

※ 다음 漢字와 뜻이 같거나 비슷한 漢字를 〈보기〉에서 찾아 그 번호를 쓰세요. (86-88)

보기
① 談 ② 致 ③ 冷
④ 調 ⑤ 止 ⑥ 情

(86) 停 (　　)   (87) 寒 (　　)

(88) 言 (　　)

※ 다음 (　)에 들어갈 가장 적절한 漢字語를 〈보기〉에서 찾아 그 번호를 써서 漢字語를 만드세요. (82-85)

보기
① 萬物 ② 團結 ③ 改良 ④ 病死
⑤ 獨立 ⑥ 友愛 ⑦ 英雄 ⑧ 信號

(82) 生老(　　) : 낳고 늙고 병들고 죽음.

(83) 天地(　　) : 천지에 있는 온갖 사물.

※ 다음 漢字와 음은 같은데 뜻이 다른 漢字를 〈보기〉에서 두 개씩 찾아 그 번호를 쓰세요. (89-91)

보기
① 寫 ② 建 ③ 敬 ④ 告
⑤ 席 ⑥ 橋 ⑦ 商 ⑧ 料
⑨ 具 ⑩ 景 ⑪ 仕 ⑫ 苦

(89) 査 : (　　), (　　)

(90) 輕 : (　　), (　　)

(91) 固 : (　　), (　　)

※ 다음 뜻풀이에 맞는 漢字語를 〈보기〉에서 찾아 그 번호를 쓰세요. (92-94)

보기
① 史實   ② 發電   ③ 史校
④ 加工   ⑤ 史記   ⑥ 發展
⑦ 加手   ⑧ 發傳   ⑨ 士氣

(92) 손을 대어 물건을 만드는 일. (   )

(93) 전기를 일으킴. (   )

(94) 역사를 쓴 책. (   )

※ 다음 漢字의 약자(획수를 줄인 漢字)를 쓰세요. (95-97)

보기
體 → 体

(95) 畫 (   )   (96) 體 (   )

(97) 戰 (   )

※ 다음 漢字에 표시한 획은 몇 번째 쓰는지 〈보기〉에서 찾아 그 번호를 쓰세요. (98-100)

보기
① 첫 번째   ② 두 번째
③ 세 번째   ④ 네 번째
⑤ 다섯 번째 ⑥ 여섯 번째
⑦ 일곱 번째 ⑧ 여덟 번째
⑨ 아홉 번째 ⑩ 열 번째

(98) 王

(99) 方

(100) 度

정답

(1) 실패 (2) 품질 (3) 지식 (4) 행복 (5) 규칙 (6) 최초 (7) 종류 (8) 노사 (9) 필요 (10) 연습 (11) 용기 (12) 소화 (13) 탁구 (14) 특허 (15) 선거 (16) 도착 (17) 고안 (18) 양육 (19) 효과 (20) 구명 (21) 덕성 (22) 명랑 (23) 졸업 (24) 석탄 (25) 고전 (26) 약속 (27) 순서 (28) 도읍 (29) 신선 (30) 합격 (31) 재산 (32) 기술 (33) 원인 (34) 책임 (35) 열망 (36) 근심 환 (37) 재앙 재 (38) 지날 력 (39) 헤아릴 량 (40) 고기잡을 어 (41) 거느릴 령 (42) 해 세 (43) 배 선 (44) 클 위 (45) 넓을 광 (46) 잡을 조 (47) 마디 절 (48) 널 판 (49) 값 가 (50) 예 구 (51) 볼 관 (52) 다툴 경 (53) 큰바다 양 (54) 예도 례 (55) 따뜻할 온 (56) 이길 승 (57) 겨레 족 (58) 호수 호 (59) 산촌 (60) 植木 (61) 主人 (62) 花草 (63) 急行 (64) 海軍 (65) 秋夕 (66) 敎室 (67) 時間 (68) 市內 (69) 男女 (70) 休日 (71) 正直 (72) 安心 (73) 左右 (74) 速 (75) 雪 (76) 朝 (77) 路 (78) 油 (79) 晝 (80) 利 (81) 來 (82) ④ 病死 (83) ① 萬物 (84) ⑥ 友愛 (85) ⑧ 信號 (86) ⑤ 止 (87) ③ 冷 (88) ① 談 (89) ① 寫 (90) ⑪ 仕 (90) ③ 敬 (91) ⑦ 景 (91) ④ 告 (92) ④ 加工 (93) ② 發電 (94) ⑤ 史記 (95) 画 (96) 体 (97) 戦 / 战 (98) ③ (99) ④ (100) ⑦

한자능력검정시험 5급 기출문제 59회

※ 다음 밑줄 친 漢字語의 讀音을 쓰세요. (1–35)

(1) 용돈을 節約(   )하여 저금을 합니다.

(2) 여러 번의 失敗(   ) 끝에 성공을 하였습니다.

(3) 복습한 效果(   )가 있어 시험을 잘 보았습니다.

(4) 내 동생은 性質(   )이 온순합니다.

(5) 꾸준히 노력해야 技術(   )을 익힙니다.

(6) 설악산의 景致(   )는 매우 아름답습니다.

(7) 낮과 밤을 晝夜(   )라고 합니다.

(8) 농작물의 物價(   )가 많이 내렸습니다.

(9) 연말에 대통령 選擧(   )가 있습니다.

(10) 인간은 서로 競爭(   )하며 살아갑니다.

(11) 우리나라는 눈부신 發展(   )을 하고 있습니다.

(12) 큰 事件(   )도 아닌데 너무 시끄럽습니다.

(13) 내 일은 내가 責任(   )을 지겠습니다.

(14) 어머니가 改良(   ) 한복을 입었습니다.

(15) 공책의 種類(   )가 여러 가지 입니다.

(16) 영수의 작품이 特別(   )히 뛰어 납니다.

(17) 형님이 축구 練習(   )을 많이 합니다.

(18) 이 마을은 漁業(   )으로 성공 하였습니다.

(19) 책은 공부에 꼭 必要(   )합니다.

(20) 기준이는 나의 좋은 親舊(   )입니다.

(21) 기다리던 편지가 到着(   )하였습니다.

(22) 동창회에 모두 參席(   )하였습니다.

(23) 빨간 신호는 停止(   ) 신호입니다.

(24) 독서를 통해 知識(   )을 얻습니다.

(25) 이번 서리에 농작물이 寒害(   )를 입었습니다.

(26) 오후에 외출 許可(   )를 받았습니다.

(27) 대화를 할 때는 感情(   )을 가라앉혀야 합니다.

(28) 우리는 祝福(   ) 받은 자연을 가진 나라입니다.

(29) 모든 일에 最善(   )을 다 해야 합니다.

(30) 過去(   )의 잘못을 되풀이하면 안 됩니다.

(31) 바닥에 큰 鐵板(   )이 깔려 있습니다.

(32) 열심히 일 하면 좋은 結末(   )이 옵니다.

(33) 나는 일요일 마다 奉仕(   ) 활동을 합니다.

(34) 다시 한 번 꼭 뵙기를 熱望(　　　)합니다.

(35) 좋은 原因(　　　)이 좋은 결과를 낳습니다.

※ 다음 漢字의 訓과 音을 쓰세요. (36-58)

(36) 獨 (　　)　(37) 德 (　　)
(38) 湖 (　　)　(39) 序 (　　)
(40) 終 (　　)　(41) 偉 (　　)
(42) 曜 (　　)　(43) 實 (　　)
(44) 屋 (　　)　(45) 量 (　　)
(46) 都 (　　)　(47) 綠 (　　)
(48) 族 (　　)　(49) 勝 (　　)
(50) 罪 (　　)　(51) 炭 (　　)
(52) 仙 (　　)　(53) 朗 (　　)
(54) 救 (　　)　(55) 觀 (　　)
(56) 患 (　　)　(57) 英 (　　)
(58) 昨 (　　)

※ 다음 글의 밑줄 친 단어를 漢字로 쓰세요. (59-73)

(59) 기념식에 남녀(　　　)노소 모두 나왔습니다.

(60) 실외 활동(　　　)을 많이 해야 튼튼해집니다.

(61) 길이 동서(　　　)로 길게 뻗어 있습니다.

(62) 나는 매일(　　　) 일곱 시에 일어납니다.

(63) 추석(　　　) 달은 유난히 밝습니다.

(64) 화단에 화초(　　　)를 많이 심었습니다.

(65) 바다 속에 해양(　　　) 식물이 많이 있습니다.

(66) 차도를 건널 때는 좌우(　　　)를 살펴야 합니다.

(67) 부모(　　　)님의 은혜는 하늘과 같습니다.

(68) 생물의 생명(　　　)은 모두 소중합니다.

(69) 추석에 조상(　　　)님께 제사를 지냈습니다.

(70) 산촌(　　　)의 공기는 매우 맑습니다.

(71) 봄에는 산에 식목(　　　)을 합니다.

(72) 우리 형제(　　　)는 의좋게 지냅니다.

(73) 교실을 출입(　　　)할 때 뛰면 안 됩니다.

※ 다음 訓과 音에 맞는 漢字를 쓰세요. (74-78)

(74) 지경 계 (　　)

(75) 아침 조 (　　)

(76) 머리 두 (　　)

(77) 떼 부 (　　)

(78) 다행 행 (　　)

(84) 公明(　　) : 마음이 밝고 사사로움이 없음.

(85) 有口(　　) : 입은 있으나 할 말이 없음.

※ 다음 漢字와 뜻이 相對 또는 反對되는 한자를 쓰세요. (79-81)

(79) 心 ↔ (　　)

(80) (　　) ↔ 少

(81) 長 ↔ (　　)

※ 다음 漢字와 뜻이 같거나 비슷한 漢字를 〈보기〉에서 찾아 그 번호를 쓰세요. (86-88)

보기
① 初　② 位　③ 比
④ 考　⑤ 則　⑥ 課

(86) 規 (　　)　(87) 思 (　　)

(88) 始 (　　)

※ 다음 (　)에 들어갈 가장 적절한 漢字語를 〈보기〉에서 찾아 그 번호를 써서 漢字語를 만드세요. (82-85)

보기
① 正大　② 遠近　③ 當局　④ 愛人
⑤ 無言　⑥ 宿願　⑦ 不變　⑧ 談話

(82) 萬古 (　　) : 오래도록 변하지 않음.

(83) 敬天 (　　) : 하늘을 공경하고 사람을 사랑함.

※ 다음 漢字와 음은 같은데 뜻이 다른 漢字를 〈보기〉에서 두 개씩 찾아 그 번호를 쓰세요. (89-91)

보기
① 電　② 災　③ 賞　④ 査
⑤ 歲　⑥ 産　⑦ 洗　⑧ 束
⑨ 鮮　⑩ 相　⑪ 財　⑫ 寫

(89) 再 : (　　), (　　)

(90) 史 : (　　), (　　)

(91) 商 : (　　), (　　)

※ 다음 뜻풀이에 맞는 漢字語를 〈보기〉에서 찾아 그 번호를 쓰세요. (92~94)

보기
① 表決   ② 消費   ③ 交通
④ 完成   ⑤ 敎育   ⑥ 用度
⑦ 傳說   ⑧ 體操   ⑨ 打開

(92) 써서 없앰. (   )

(93) 가르쳐서 길러 냄. (   )

(94) 전해 오는 이야기. (   )

※ 다음 漢字의 약자(획수를 줄인 漢字)를 쓰세요. (95~97)

보기
體 → 体

(95) 氣 (   )   (96) 圖 (   )

(97) 醫 (   )

※ 다음 漢字에 표시한 획은 몇 번째 쓰는지 〈보기〉에서 찾아 그 번호를 쓰세요. (98~100)

보기
① 첫 번째   ② 두 번째
③ 세 번째   ④ 네 번째
⑤ 다섯 번째 ⑥ 여섯 번째
⑦ 일곱 번째 ⑧ 여덟 번째
⑨ 아홉 번째 ⑩ 열 번째

(98)

(99)

(100)

정답
(1) 절약 (2) 실패 (3) 효과 (4) 성질 (5) 기술 (6) 경치 (7) 주야 (8) 물가 (9) 선거 (10) 경쟁 (11) 발전 (12) 사건 (13) 책임 (14) 개량 (15) 종류 (16) 특별 (17) 연습 (18) 어업 (19) 필요 (20) 친구 (21) 도착 (22) 참석 (23) 정지 (24) 지식 (25) 한해 (26) 허가 (27) 감정 (28) 축복 (29) 최선 (30) 과거 (31) 철판 (32) 결말 (33) 봉사 (34) 열망 (35) 원인 (36) 홀로 독 (37) 큰 덕 (38) 호수 호 (39) 차례 서 (40) 마칠 종 (41) 클 위 (42) 빛날 요 (43) 열매 실 (44) 집 옥 (45) 헤아릴 량 (46) 도읍 도 (47) 푸를 록 (48) 겨레 족 (49) 이길 승 (50) 허물 죄 (51) 숯 탄 (52) 신선 선 (53) 밝을 랑 (54) 구원할 구 (55) 볼 관 (56) 근심 환 (57) 꽃부리 영 (58) 어제 작 (59) 男女 (60) 活動 (61) 東西 (62) 每日 (63) 秋夕 (64) 花草 (65) 海洋 (66) 左右 (67) 父母 (68) 生命 (69) 祖上 (70) 山村 (71) 植木 (72) 兄弟 (73) 出入 (74) 界 (75) 朝 (76) 頭 (77) 部 (78) 幸 (79) 身 (80) 多 (81) 短 (82) ⑦ 不變 (83) ④ 愛人 (84) ① 正大 (85) ⑤ 無言 (86) ⑤ 則 (87) ④ 考 (88) ① 初 (89) ② 災 ⑪ 財 (90) ④ 査 ⑫ 寫 (91) ③ 賞 ⑩ 相 (92) ② 消費 (93) ⑤ 敎育 (94) ⑦ 傳說 (95) 気 (96) 図 (97) 医 (98) ⑤ (99) ⑤ (100) ①

115

※ 다음 밑줄 친 漢字語의 讀音을 쓰세요. (1-35)

(1) 한국은 아시아의 太陽으로 존경받는 나라가 되어야 한다.

(2) 家庭은 모든 교육의 출발지이다.

(3) 小食하면 장수한다.

(4) 農業도 경영 원리가 필요하다.

(5) 수출 中心 경제 정책이 한강의 기적을 이루었다.

(6) 부국과 強兵은 나라의 꿈이다.

(7) 한류 바람을 觀光 대국으로 도약하는 계기로 삼아야 한다.

(8) 所有만 하려고 하면 삶의 궁극적 존재 가치를 잃게 된다.

(9) 다문화사회에서는 民族보다 국가가 더 중요하다.

(10) 孝道는 모든 행동의 근본이다.

(11) 국어의 타락이 극심하여 국어에 대한 意識 개혁이 요구된다.

(12) 綠色 성장은 새로운 에너지 절약의 실천을 요구한다.

(13) 어느 사회에나 섬김과 나눔은 아무리 많이 해도 不足하다.

(14) 우리는 參戰 16개국의 도움을 잊어서는 안 된다.

(15) 건전한 국민정신은 건전한 體育 활동으로 뒷받침되어야 한다.

(16) 남을 속여도 自己를 속일 수는 없다.

(17) 내가 먼저 하는 明朗한 아침 인사는 보람찬 하루를 보장한다.

(18) 學校는 경쟁을 통해 협동의 기술을 배우는 배움터이다.

(19) 인터넷 검색보다 사색하는 습관이 必要하다.

(20) 양보는 교양인의 美德이다.

(21) 財物은 스스로 아껴 쓰고 남에게 베푸는 자에게 남아 있다.

(22) 두 나라의 結束을 다졌다.

(23) 敎室의 학생은 줄었지만 학생 지도는 더 힘들어졌다.

(24) 그는 使臣으로 중국에 갔다.

(25) 旅順 감옥에서 돌아간 안중근 의사의 유해를 아직 못 찾았다.

(26) 지도자는 責任을 지는 사람이다.

(27) 한글 사용의 편리함은 한글 창제의 實用 정신을 보여준다.

(28) 速度를 즐기면 사고 나기 쉽다.

(29) 幸運은 땀 흘리는 자에게 온다.

(30) 부모님 奉養(   )은 한국의 최고 미덕입니다.

(31) 반복 練習은 외국어 학습에서 필수이다.

(32) 新聞은 인터넷 시대에도 여전히 경쟁력이 있다.

(33) 설날이 되면 집안과 이웃의 萬福을 빌며 덕담을 나눈다.

(34) 어려서부터 독서를 많이 하면 존경하는 偉人을 발견하게 된다.

(35) 인간은 反省할 줄 아는 존재이다.

※ 다음 漢字의 訓과 音을 쓰세요. (36~58)

(36) 園 (　　　)　(37) 晝 (　　　)
(38) 歲 (　　　)　(39) 望 (　　　)
(40) 歌 (　　　)　(41) 術 (　　　)
(42) 歷 (　　　)　(43) 集 (　　　)
(44) 畫 (　　　)　(45) 害 (　　　)
(46) 後 (　　　)　(47) 圖 (　　　)
(48) 變 (　　　)　(49) 樹 (　　　)
(50) 鮮 (　　　)　(51) 舊 (　　　)
(52) 典 (　　　)　(53) 植 (　　　)
(54) 待 (　　　)　(55) 過 (　　　)
(56) 朝 (　　　)　(57) 春 (　　　)
(58) 重 (　　　)

※ 다음 (　) 안에 각각 뜻이 반대 또는 상대되는 글자를 〈보기〉에서 찾아 넣어 단어가 되게 하세요. (59~61)

〈보기〉
① 知　　② 人　　③ 惡
④ 苦　　⑤ 海　　⑥ 上

(59) 陸 ↔ (　　　)
(60) (　　　) ↔ 行
(61) 許 ↔ (　　　)

※ 다음 (　) 안에 각각 알맞은 글자를 〈보기〉에서 찾아 넣어 사자성어를 완성하세요. (62~65)

〈보기〉
① 勞　② 奉　③ 靑　④ 淸
⑤ 情　⑥ 性　⑦ 短　⑧ 團

(62) 多(　　　)多感 : 감수성이 예민하고 느끼는 바가 많음.

(63) (　　　)仕活動 : 국가, 사회나 남을 위해 힘을 바쳐 애씀.

(64) (　　　)山流水 : 푸른 산에 맑은 물. 막힘없이 잘하는 말을 비유하는 말.

(65) 一長一(　　　) : 일면의 장점과 다른 일면의 단점을 통틀어 이르는 말.

※ 다음 (　) 안에 각각 訓이 같은 글자를 〈보기〉에서 찾아 넣어 단어가 되게 하세요. (66-68)

보기
① 着　② 直　③ 說
④ 方　⑤ 格　⑥ 成

(66) (　) - 式　(67) 到 - (　)
(68) (　) - 話

※ 다음 각 단어와 음은 같으나 뜻이 다른 단어를 쓰되 주어진 뜻풀이에 맞는 말을 漢字로 쓰세요. (69-71)

(69) 時調 - (　) : 겨레나 집안의 맨 처음이 되는 조상.
(70) 傳記 - (　) : 전자의 움직임으로 생기는 에너지의 한 형태로 불을 켠다.
(81) 和約 - (　) : 폭발 작용을 일으키는 화합물.

※ 다음 漢字語의 뜻을 간단히 쓰세요. (72-74)

(72) 廣場 (　)
(73) 江村 (　)
(74) 老少 (　)

※ 다음 漢字의 약자(획수를 줄인 漢字)를 쓰세요. (75-77)

보기
體 → 体

(75) 會 (　)　(76) 數 (　)
(77) 對 (　)

※ 다음 글의 밑줄 친 단어를 漢字로 쓰세요. (78-97)

(78) 자투리 공간(　)을 잘 활용하자.
(79) 풍설(　)은 차가운 눈바람을 뜻한다.
(80) 고향에 서신(　) 한 통을 부쳤다.
(81) 내일(　)의 희망을 버리지 말라.
(82) 6.25 때 철원, 평강, 김화의 철의 삼각(　) 지대 전투는 치열하였다.
(83) 출세(　)는 정직과 성실이 보장한다.
(84) 천재(　)는 99%의 땀으로 이뤄진다.
(85) 아이들은 좌우(　)를 분별 못한다.
(86) 이름을 바르게 명명(　)하여야 한다.
(87) 전과(　)를 뉘우치고 새사람이 되자.
(88) 나를 대신(　)해 살아 줄 이는 없다.
(89) 철수 집 형편(　)이 좋아졌다.
(90) 그는 경험 없는 백면(　)서생이다.

(91) 감동적 표현(　　)은 깊은 생각에서 우러나온다.

(92) 참 제자(　　)는 참 스승에서 나온다.

(93) 매일 평안(　　)의 인사를 주고받자.

(94) 부모(　　)의 은혜는 바다보다 넓다.

(95) 북한 독재에 초목(　　)도 탄식한다.

(96) 이기적 계산(　　)에 밝으면 안 된다.

(97) 미래의 창문(　　)을 열고 꿈을 꾸라.

※ 다음 漢字에 표시한 획은 몇 번째 쓰는지 〈보기〉에서 찾아 그 번호를 쓰세요. (98~100)

보기
① 첫 번째　② 두 번째
③ 세 번째　④ 네 번째
⑤ 다섯 번째　⑥ 여섯 번째
⑦ 일곱 번째　⑧ 여덟 번째
⑨ 아홉 번째　⑩ 열 번째

(98) 黃

(99)  良

(100)  發

정답
(1) 태양 (2) 가정 (3) 소식 (4) 농업 (5) 중심 (6) 강병 (7) 관광 (8) 소유 (9) 민족 (10) 효도 (11) 의식 (12) 녹색 (13) 부족 (14) 참전 (15) 체육 (16) 자기 (17) 명랑 (18) 학교 (19) 필요 (20) 미덕 (21) 재물 (22) 결속 (23) 교실 (24) 사신 (25) 여순 (26) 책임 (27) 실용 (28) 속도 (29) 행운 (30) 아동 (31) 연습 (32) 신문 (33) 만복 (34) 위인 (35) 반성 (36) 동산 원 (37) 낮 주 (38) 해 세 (39) 바람 망 (40) 노래 가 (41) 재주 술 (42) 지날 력 (43) 모을 집 (44) 그림 화, 그을 획 (45) 해할 해 (46) 뒤 후 (47) 그림 도 (48) 변할 변 (49) 나무 수 (50) 고울 선 (51) 예 구 (52) 법 전 (53) 심을 식 (54) 기다릴 대 (55) 지날 과 (56) 아침 조 (57) 봄 춘 (58) 무거울 중 (59) ⑤ 海 (60) ① 知 (61) ③ 惡 (62) ⑤ 情 (63) ② 奉 (64) ③ 青 (65) ⑦ 短 (66) ⑤ 格 (67) ① 着 (68) ③ 說 (69) 始祖 (70) 電氣 (71) 火藥 (72) 넓은 마당(빈 터) (73) 강가에 있는 마을 (74) 늙은이, 젊은이를 아우르는 말 (75) 술 (76) 數 (77) 対 (78) 空間 (79) 風雪 (80) 書信 (81) 來日 (82) 三角 (83) 出世 (84) 天才 (85) 左右 (86) 命名 (87) 前科 (88) 代身 (89) 形便 (90) 白面 (91) 表現 (92) 弟子 (93) 平安 (94) 父母 (95) 草木 (96) 計算 (97) 窓門 (98) ⑤ (99) ⑦ (100) ⑤

한자능력검정시험 5급 II 기출문제 58회

※ 다음 밑줄 친 漢字語의 讀音을 쓰세요. (1–35)

- 우리 동네에서 가장 (1) 價格(　　) 이 싼 (2) 商店(　　) 은 내 (3) 親舊(　　) 네 집이다.

- 2012(4) 年度(　　) 예산안이 예산 (5) 決算(　　) (6) 特別(　　) 위원회를 (7) 通過(　　) 했다.

- (8) 世界的(　　) 으로 (9) 有名(　　) 한 (10) 事業家(　　) 들은 저마다 (11) 成功(　　) 의 비결을 가지고 있다.

- (12) 卒兵(　　) 은 (13) 自己(　　) 보다 계급 높은 사람에게는 무조건 (14) 敬禮(　　) 를 했다.

- 정부 (15) 當局(　　) 은 이번 홍수로 (16) 農地(　　) 가 30만 평이 (17) 流失(　　) 되었다고 (18) 集計(　　) 했다.

- 요즘 (19) 新聞(　　) 에는 기업 홍보용 (20) 廣告(　　) 가 많이 (21) 登場(　　) 한다.

- (22) 課外(　　) 가 (23) 不法化(　　) 되면서 (24) 大部分(　　) 의 학생은 (25) 學校(　　) 에서 생활하는 (26) 時間(　　) 이 더 많아졌다.

- 무표정한 얼굴로 (27) 安樂(　　) 의자에 앉아 그들을 (28) 觀望(　　) 하기만 했다.

- 7월 4일 (29) 今週(　　) 토요일은 미국의 (30) 獨立(　　) (31) 記念日(　　) 이다.

- 그는 (32) 主要(　　) 관직을 (33) 歷任(　　) 한 매우 청렴한 사람이다.

- 밝은 (34) 表情(　　) 을 짓는 그녀는 무척이나 (35) 幸福(　　) 해 보였다.

※ 다음 漢字의 訓과 音을 쓰세요. (36–58)

보기　　字 → 글자 자

(36) 結 (　　)　(37) 效 (　　)
(38) 根 (　　)　(39) 習 (　　)
(40) 奉 (　　)　(41) 團 (　　)
(42) 陸 (　　)　(43) 號 (　　)
(44) 責 (　　)　(45) 形 (　　)
(46) 感 (　　)　(47) 番 (　　)
(48) 開 (　　)　(49) 席 (　　)
(50) 必 (　　)　(51) 待 (　　)
(52) 州 (　　)　(53) 具 (　　)
(54) 米 (　　)　(55) 油 (　　)
(56) 到 (　　)　(57) 傳 (　　)
(58) 光 (　　)

※ 다음 글의 밑줄 친 단어를 漢字로 쓰세요. (59–73)

(59) 어려운 역경도 꿋꿋이 이겨 나가는 것이 과연(　　) 사내이다.

(60) 지금 하신 그 대답(　　)은 명답입니다.

(61) 한국은 교육(　　)에 대한 관심이 높습니다.

(62) 그는 이중(　　)의 어려움을 겪었습니다.

(63) 이제 도로명 주소(　　)로 바뀝니다.

(64) 그는 단신(　　)이지만 올해의 최우수 선수로 뽑혔다.

(65) 바람을 이용(　　)하여 풍차를 돌린다.

(66) 벌목으로 인하여 산림(　　) 자원이 점차 고갈되어 가고 있다.

(67) 매월(　　) 한 번씩 정기적으로 모임을 갖기로 합시다.

(68) 화살이 과녁에 명중(　　)되었다.

(69) 영양분이 충분히 공급되어야 식물(　　)이 잘 자란다.

(70) 그를 반장(　　)으로 한 비상 대책반이 구성되었다.

(71) 끝까지 방심(　　)하지 마라.

(72) 커튼으로 창문(　　)을 가리다.

(73) 바람을 이용하여 풍차(　　)를 돌린다.

※ 다음 訓과 音에 맞는 漢字를 쓰세요. (74–78)

보기　　나라 국 → 國

(74) 가을 추　　(　　)
(75) 할아비 조　(　　)
(76) 날랠 용　　(　　)
(77) 빌 공　　　(　　)
(78) 마을 리　　(　　)

※ 다음 제시된 漢字와 뜻이 상대 또는 반대되는 漢字를 (　) 안에 써 넣어 글을 완성하세요. (79–81)

(79) 그는 하루도 빠짐없이 부모님께 朝(　　)으로 문안을 드린다.

(80) 죄를 지으면 지위의 高(　　)에 관계없이 벌을 받아야 한다.

(81) 학교에서의 (　　)後배 예절은 엄격하다.

121

※ 다음 ( )에 들어갈 漢字를 〈보기〉에서 찾아 그 번호를 써서 漢字語를 만드세요. (82-85)

보기
① 書 ② 冬 ③ 北 ④ 頭
⑤ 藥 ⑥ 孫 ⑦ 明 ⑧ 産

(82) 子( )萬代 : 오래도록 내려오는 여러 대.

(83) 良( )苦口 : 좋은 약은 입에 쓰다는 말.

(84) 公( )正大 : 하는 일이나 행동이 사사로움이 없이 떳떳하고 바름.

(85) 白面( )生 : 글만 읽고 세상일에 경험이 없는 사람.

※ 다음 漢字와 뜻이 같거나 비슷한 漢字를 〈보기〉에서 찾아 문장을 완성하고 그 번호를 쓰세요. (86-88)

보기
① 路 ② 京 ③ 客
④ 姓 ⑤ 章 ⑥ 童

(86) 기차 안은 旅( )들로 붐볐다.

(87) 교통사고로 인해 시내로 통하는 道( )가 막혔다.

(88) 학교에 등교하는 兒( )이 횡단보도를 많이 이용하기 때문에 운전자들은 특별히 조심해야 한다.

※ 다음의 漢字語와 음이 같으면서 다음 풀이에 알맞은 한자어를 〈보기〉에서 찾아 그 번호를 쓰세요. (89-91)

보기
① 天運 ② 火食 ③ 旗手
④ 衣服 ⑤ 病室 ⑥ 電球

(89) 氣數 - ( ) : 행사 때 대열의 앞에 서서 기를 드는 일을 맡은 사람.

(90) 戰區 - ( ) : 전류를 통하여 빛을 내는 기구.

(91) 花式 - ( ) : 불에 익힌 음식을 먹음. 또는 그 음식.

※ 다음 뜻에 맞는 漢字語를 〈보기〉에서 찾아 그 번호를 쓰세요. (92-94)

보기
① 同動 ② 同種 ③ 英才
④ 英材 ⑤ 急束 ⑥ 急速

(92) 몹시 급함. ( )

(93) 탁월한 재주. 또는 그런 사람. ( )

(94) 같은 종류. ( )

※ 다음 漢字의 약자(획수를 줄인 漢字)를 쓰세요. (95-97)

| 보기 | 體 → 体 |

(95) 來 (　　)　(96) 圖 (　　)
(97) 會 (　　)

(98) 死

(99) 庭

(100) 使

※ 다음 漢字에 표시한 획은 몇 번째 쓰는지 〈보기〉에서 찾아 그 번호를 쓰세요. (98-100)

보기
① 첫 번째　② 두 번째
③ 세 번째　④ 네 번째
⑤ 다섯 번째　⑥ 여섯 번째
⑦ 일곱 번째　⑧ 여덟 번째
⑨ 아홉 번째　⑩ 열 번째

정답
(1) 가격 (2) 상점 (3) 친구 (4) 년도 (5) 결산 (6) 특별 (7) 통과 (8) 세계적 (9) 유명 (10) 사업가 (11) 성공 (12) 졸병 (13) 자기 (14) 경례 (15) 당국 (16) 농지 (17) 유실 (18) 집계 (19) 신문 (20) 광고 (21) 등장 (22) 과외 (23) 불법화 (24) 대부분 (25) 학교 (26) 시간 (27) 안락 (28) 관망 (29) 금주 (30) 독립 (31) 기념일 (32) 주요 (33) 역임 (34) 표정 (35) 행복 (36) 맺을 결 (37) 본받을 효 (38) 뿌리 근 (39) 익힐 습 (40) 받들 봉 (41) 둥글 단 (42) 뭍 륙 (43) 이름 호 (44) 꾸짖을 책 (45) 모양 형 (46) 느낄 감 (47) 차례 번 (48) 열 개 (49) 자리 석 (50) 반드시 필 (51) 기다릴 대 (52) 고을 주 (53) 갖출 구 (54) 쌀 미 (55) 기름 유 (56) 이를 도 (57) 전할 전 (58) 빛 광 (59) 果然 (60) 對答 (61) 敎育 (62) 二重 (63) 住所 (64) 短身 (65) 利用 (66) 山林 (67) 每月 (68) 命下 (69) 植物 (70) 班長 (71) 放心 (72) 窓門 (73) 風車 (74) 秋 (75) 祖 (76) 勇 (77) 空 (78) 里 (79) 夕 (80) 下 (81) 先 (82) ⑥ 孫 (83) ⑤ 藥 (84) ⑦ 明 (85) ① 書 (86) ③ 客 (87) ① 路 (88) ⑥ 童 (89) ③ 旗 (90) ⑥ 電球 (91) ② 火食 (92) ⑥ 急路 (93) ③ 英才 (94) ② 同種 (95) 来 (96) 図 (97) 会 (98) ⑤ (99) ⑩ (100) ⑦

한자능력검정시험 5급 II 기출문제 59회

※ 다음 밑줄 친 漢字語의 讀音을 쓰세요. (1-35)

(1) 병원에서 藥物(　　) 치료를 받았다.

(2) 화단에는 다양한 種類(　　)의 꽃들이 피었다.

(3) 새로운 局面(　　)을 맞이하였다.

(4) 용기를 내어 사랑을 告白(　　)했다.

(5) 가급적 직사 光線(　　)은 피하는 것이 좋다.

(6) 이번 주에는 출석부의 番號(　　)대로 앉기로 했다.

(7) 신문 社說(　　)을 읽으면 논술에 도움이 될 수 있다.

(8) 그는 性質(　　)이 급한 것이 단점이다.

(9) 일반 도로에서는 速力(　　)을 줄여야 한다.

(10) 이번 宿題(　　)는 어려워 시간이 많이 걸렸다.

(11) 가까운 銀行(　　)에서 통장을 만들었다.

(12) 그는 財産(　　)의 절반을 사회에 기부했다.

(13) 평소에 節電(　　)하는 습관을 길러야 한다.

(14) 곧 서울행 열차가 到着(　　)한다.

(15) 그 지역의 體感(　　) 온도는 영하 30도에 이른다.

(16) 그는 늘 表情(　　)이 밝다.

(17) 우리는 매년 설날에 韓服(　　)을 입는다.

(18) 이번 시험에는 꼭 合格(　　)할 것이다.

(19) 낡은 觀念(　　)을 극복하는 것이 필요하다.

(20) 시청 앞 광장에 많은 사람이 雲集(　　)하였다.

(21) 그 분이 우리나라 特使(　　)로 파견되었다.

(22) 1년 후에 다시 만날 것을 約束(　　)하였다.

(23) 이번 경기는 분명 우리에게 勝算(　　)이 있다.

(24) 한 마음 한 뜻으로 團結(　　)하였다.

(25) 올림픽에서 메달을 따기 위해 強度(　　) 높은 훈련을 받았다.

(26) 親筆(　　)로 '자유 독립'이라고 쓴 태극기를 펼쳤다.

(27) 달빛이 밝아서 어느 정도 識別(　　)이 가능하였다.

(28) 드디어 待望(　　)의 조국 광복의 날을 맞이하였다.

(29) 이번 시험에서 首席(　　)의 영예를 안았다.

(30) 문화적으로 同化(　　)시키는 정책을 펼쳤다.

(31) 溫室(　　)에서 재배한 과일이 벌써 시장에 나왔다.

(32) 그 부부는 고아를 데려다 잘 養育(　　)하였다.

(33) 晝夜(　　)로 열심히 공부하여 합격하였다.

(34) 兵士(　　)들의 사기가 높아 그 전투에서 승리하였다.

(35) 그 사건은 고의로 인한 것이 아니라 過失(　　)에 의한 것으로 밝혀졌다.

※ 다음 漢字의 訓과 音을 쓰세요. (36-58)

보기　字 → 글자 자

(36) 族 (　　)　　(37) 米 (　　)
(38) 黃 (　　)　　(39) 參 (　　)
(40) 仕 (　　)　　(41) 德 (　　)
(42) 根 (　　)　　(43) 路 (　　)
(44) 福 (　　)　　(45) 雨 (　　)
(46) 品 (　　)　　(47) 太 (　　)
(48) 決 (　　)　　(49) 綠 (　　)
(50) 本 (　　)　　(51) 奉 (　　)
(52) 在 (　　)　　(53) 頭 (　　)
(54) 宅 (　　)　　(55) 由 (　　)
(56) 必 (　　)　　(57) 開 (　　)
(58) 獨 (　　)

※ 다음 (　) 안에 각각 뜻이 반대 또는 상대되는 글자를 〈보기〉에서 찾아 넣어 단어가 되게 하세요. (59-61)

보기
① 昨　② 舊　③ 勞
④ 遠　⑤ 切　⑥ 害

(59) 新 ↔ (　　)

(60) (　　) ↔ 近

(61) 利 ↔ (　　)

※ 다음 (　) 안에 각각 알맞은 글자를 〈보기〉에서 찾아 넣어 사자성어를 완성하세요. (62-65)

보기
① 知　② 順　③ 傳　④ 當
⑤ 變　⑥ 靑　⑦ 定　⑧ 敬

(62) (　　)天愛人 : 하늘을 공경하고 사람을 사랑함.

(63) 以心(　　)心 : 마음에서 마음으로 뜻을 전함.

(64) 萬古不(　　) : 오랜 세월을 두고 변하지 않음.

(65) 安分(　　)足 : 제 분수를 지키고 만족할 줄을 앎.

※ 다음 ( ) 안에 각각 訓이 같은 글자를 〈보기〉에서 찾아 넣어 단어가 되게 하세요. (66–68)

보기
① 良   ② 朗   ③ 實
④ 孫   ⑤ 兒   ⑥ 效

(66) 明 – (   )   (67) (   ) – 童

(68) (   ) – 果

※ 다음 각 단어와 음은 같으나 뜻이 다른 단어를 쓰되 주어진 뜻풀이에 맞는 말을 漢字로 쓰세요. (69–71)

(69) 國基 – (   ) : 나라를 상징하는 기.

(70) 全課 – (   ) : 이전에 죄를 범하여 받은 형벌의 전력.

(71) 市區 – (   ) : 경기 시작을 상징적으로 알리기 위해 처음으로 공을 던지거나 치는 일.

※ 다음 漢字語의 뜻을 간단히 쓰세요. (72–74)

(72) 半價 (   )

(73) 急流 (   )

(74) 相反 (   )

※ 다음 漢字의 약자(획수를 줄인 漢字)를 쓰세요. (75–77)

(75) 體 (   )   (76) 發 (   )

(77) 圖 (   )

※ 다음 글의 밑줄 친 단어를 漢字로 쓰세요. (78–97)

(78) 떡을 급히 먹으면 기도(   )가 막힐 수 있다.

(79) 산림(   )이 훼손되는 것을 막아야 한다.

(80) 면접에서 자신(   )의 의견을 솔직하게 표현하는 것이 좋다.

(81) 그는 매사(   )에 최선을 다하는 사람이다.

(82) 그 소년(   )은 매우 명랑한 성격을 지녔다.

(83) 공공(   ) 도서관에서 잡담을 해서는 안 된다.

(84) 아침 운동(   )은 건강에 좋다.

(85) 비가 많이 와서 댐의 수문(   )을 열었다.

(86) 과학자들은 외계(   ) 어느 곳에 생명체가 있을 가능성이 있다고 한다.

(87) 은행거래에서는 신용(   )이 매우 중요하다.

(88) 맛있는 음식(   )을 만들어 대접했다.

(89) 그 사람은 우리 마을에서 효자(   )로 소문이 났다.

(90) 김동인은 〈감자〉 소설의 작가(   )이다.

(91) 태풍이 북상하고 있어 내일은 임시 휴교(   )일로 정하였다.

(92) 귀농으로 인해 농촌(   ) 인구가 늘어나고 있다.

(93) 할아버지는 아침마다 화초(   )에 물을 주신다.

(94) 그 무대에서 주인공은 마지막으로 등장(   )하였다.

(95) 풍문(   )으로 들어 어렴풋이 알고 있다.

(96) 신문 대금(   )을 미리 지급하였다.

(97) 몇 번 실패하였지만 끝까지 최선을 다해 드디어 성공(   )하였다.

※ 다음 漢字에 표시한 획은 몇 번째 쓰는지 〈보기〉에서 찾아 그 번호를 쓰세요. (98–100)

보기
① 첫 번째 ② 두 번째
③ 세 번째 ④ 네 번째
⑤ 다섯 번째 ⑥ 여섯 번째
⑦ 일곱 번째 ⑧ 여덟 번째
⑨ 아홉 번째 ⑩ 열 번째

(98) 計

(99) 油

(100) 堂

정답

(1) 약물 (2) 종류 (3) 국면 (4) 고백 (5) 광선 (6) 번호 (7) 사설 (8) 성질 (9) 속력 (10) 숙제 (11) 은행 (12) 재산 (13) 절전 (14) 도착 (15) 체감 (16) 표정 (17) 한복 (18) 합격 (19) 관념 (20) 운집 (21) 특사 (22) 약속 (23) 승산 (24) 단결 (25) 강도 (26) 친필 (27) 식별 (28) 대망 (29) 수석 (30) 동화 (31) 온실 (32) 양육 (33) 주야 (34) 병사 (35) 과실 (36) 겨레 족 (37) 쌀 미 (38) 누를 황 (39) 참여할 참, 석 삼 (40) 섬길 사 (41) 큰 덕 (42) 뿌리 근 (43) 길 로 (44) 복 복 (45) 비 우 (46) 물건 품 (47) 클 태 (48) 결단할 결 (49) 푸를 록 (50) 근본 본 (51) 받들 봉 (52) 있을 재 (53) 머리 두 (54) 집 택 (55) 말미암을 유 (56) 반드시 필 (57) 열 개 (58) 홀로 독 (59) ② 舊 (60) ④ 遠 (61) ⑥ 害 (62) ⑧ 敬 (63) ③ 傳 (64) ⑤ 變 (65) ① 知 (66) ② 朗 (67) ⑤ 兒 (68) ③ 實 (69) 國旗 (70) 前科 (71) 始球 (72) 반 값 (73) 급히 흐르는 물 (74) 서로 반대됨 (75) 体 (76) 発 (77) 図 (78) 氣道 (79) 山林 (80) 自身 (81) 每事 (82) 少年 (83) 公共 (84) 運動 (85) 水門 (86) 外界 (87) 信用 (88) 飮食 (89) 孝子 (90) 作家 (91) 休校 (92) 農村 (93) 花草 (94) 登場 (95) 風聞 (96) 代金 (97) 成功 (98) ⑧ (99) ⑦ (100) ⑧

肝膽相照 간담상조
속마음까지 털어 놓을 정도로 친하게 지냄.

刻骨難忘 각골난망
은혜를 입은 마음이 뼛속 깊이까지 스며들어 잊지 않음.

改過遷善 개과천선
지난 날의 잘못된 습관을 새롭게 고쳐 올바르게 살아감.

感慨無量 감개무량
마음속까지 끝없이 감동이 밀려와 주체할 수 없음.

隔世之感 격세지감
얼마 지나지 않아 동안에 몰라보게 변하여 딴 세상이 된 것 같음.

加減乘除 가감승제
덧셈 뺄셈 곱셈 나눗셈을 모두 합하여 이른 말.

見利思義 견리사의
눈앞에 이익을 보게 되면 의로운 일인가를 먼저 생각하라.

見利忘義 견리망의
눈앞에 이익만을 보고서 의리를 생각하지 못함.

佳人薄命 가인박명
아름다운 용모를 가진 여자는 명이 짧음.

感之德之 감지덕지
너무 고마워 분에 넘친다고 생각하다.

甘言利說 감언이설
달콤한 말로 남을 꾀어 낸다.

刻舟求劍 각주구검
어리석고 융통성도 없음을 뜻한다.

甘呑苦吐 감탄고토
달면 삼키고 쓰면 뱉는다 자신에게 득이 되면 취하고 아니면 배척함.

角者無齒 각자무치
한 사람이 모든 재능이나 모든 복을 다 가질 수 없다.

開卷有益 개권유익
책을 읽으면 유익하다의 뜻.

江湖煙波 강호연파
강가나 호숫가에 안개가 하얗게 일며 물결이 출렁이는 아름다운 자연.

乾坤一擲 건곤일척
하늘과 땅을 걸고 단판 승부를 건다.

居安思危 거안사위
지금 행복하더라도 앞으로 닥칠 위험을 대비해 둔다는 뜻.

格物致知 격물치지
실제사물의 이치를 연구하여 지식을 완성하여 간다.

車載斗量 거재두량
물건도 많고 인재도 많아서 귀한 줄을 모름.

去頭截尾 거두절미
머리와 꼬리를 자른다. 어떤 일에서 핵심만을 말할 때 쓴다.

去者日疎 거자일소
서로 멀리 떨어져 눈에서 멀어지면 마음까지 멀어짐.

牽强附會 견강부회	姑息之計 고식지계
이치에 맞지도 않는 말을 자기 유익을 위해 억지로 끌어 붙임.	근본적인 해결이 못 되고 임시방편으로 세우는 해결책.

街談巷說 가담항설	孤城落日 고성낙일
근거 없이 마을에 떠돌아다니는 말.	세력이 다해 남의 도움이 없는 외로운 처지로 외딴성과 서산에 기우는 해.

苛斂誅求 가렴주구	固定不變 고정불변
세금을 백성들에게 가혹할 만큼 받아 백성을 못 살게 구는 정치.	고정이 되어 있어 변함없음.

甲男乙女 갑남을녀	苦盡甘來 고진감래
평범한 남자와 여자.	쓴 것 다음에 단것 고생 끝에 낙이 온다는 말.

甲論乙駁 갑론을박	固定觀念 고정관념
여러 사람들이 모여 자신의 주장을 서로 내세워 상대편의 주장을 반박함.	의식이나 관념이 확고하여 고정되어 잘 변하지 않음.

見聞一致 견문일치	孤掌難鳴 고장난명
본 것과 들은 것이 일치함.	사람은 혼자의 힘으로는 어떤 일도 이룰 수 없음을 말함.

犬馬之勞 견마지로	見物生心 견물생심
개와 말 정도의 하찮은 힘이라는 뜻으로 자기의 노력을 낮춰 말함.	물건을 보면 갖고 싶은 욕망이 생김.

犬馬之誠 견마지성	群鷄一鶴 군계일학
임금에게 충성을 바치는 것을 두고서 자신의 정성을 낮추어 말함.	닭의 무리 속에 한 마리의 학으로 평범한 사람들 속에 뛰어난 한 사람.

見機而作 견기이작	鷄卵有骨 계란유골
어떤 낌새를 알아차리고 미리 대처함.	계란에도 뼈가 있다. 복이 없는 사람은 좋은 기회가 와도 누리지 못함.

敢不生心 감불생심	孤軍奮鬪 고군분투
힘에 겨워 감히 엄두를 내지 못함.	혼자의 힘으로 적들과 잘 맞서 싸우는 것.

苦肉之策 고육지책	敬老孝親 경로효친
어려운 상황에서 적을 속이기 위하여 자신이 고통을 감수하며 세우는 계책.	부모에게 효도하고 늙으신 어른을 공경하는 것.

5급

傾國之色 경국지색
한 나라를 위기에 빠뜨릴 만한 뛰어난 미인을 말함.

結者解之 결자해지
맺은 사람이 풀어라 자기가 저지른 일은 자기가 해결함.

結草報恩 결초보은
죽어서도 은혜를 잊지 않고 갚음.

兼人之勇 겸인지용
혼자서 능히 몇 사람을 당해 낼 용기.

輕擧妄動 경거망동
생각 없이 행동을 가볍고 망령되게 행함.

固執不通 고집불통
고집이 세어 융통성이 없음.

股肱之臣 고굉지신
임금이 가까이하여 총애하는 신하를 말함.

孤立無援 고립무원
고립이 되어 도움을 받을 데가 하나도 없음.

高談放言 고담방언
거리낌 것이 없이 큰소리로 말함.

鼓腹擊壤 고복격양
배불리 먹고 흙덩이를 치고 노는 매우 살기 좋은 시절을 뜻함.

高山流水 고산유수
자기의 마음과 자기의 가치를 알아주는 참된 친구를 말함.

骨肉相殘 골육상잔
가족이나 민족끼리 서로 싸워 죽이고 죽음.

空中樓閣 공중누각
공중에 세워진 누각으로 근거 없는 사물이나 생각.

誇大妄想 과대망상
어떤 사실이나 일을 과도하게 확대하여 사실인 것처럼 말하고 믿는다.

敎學相長 교학상장
남을 가르치는 일. 스승에게서 배우는 일은 자신의 학업을 진보시킴.

冠婚喪祭 관혼상제
관례, 혼례, 상례, 제례를 말함.

刮目相對 괄목상대
상대를 다시 봄 남의 학식이나 재주가 향상되어 놀람.

矯角殺牛 교각살우
쇠뿔을 바로 잡으려다 소를 죽인다. 작은 결점하나 고치려다 큰 해를 봄.

管鮑之交 관포지교
관중과 포숙처럼 매우 친밀하고 다정한 친구 사이.

過猶不及 과유불급
모든 일에 있어서 정도를 지나치면 도리어 안함만 못함.

巧言令色 교언영색
교묘히 아첨하기 위해서 꾸미는 말과 얼굴빛.

交友以信 교우이신
벗을 사귈 때는 신의로서 믿고 사귄다.

九死一生 구사일생	金蘭之契 금란지계
아홉 번의 죽을 고비를 넘기고 천신만고 끝에 살아남.	친구사이의 두터운 정을 말함.
君子三樂 군자삼락	錦上添花 금상첨화
군자의 세가지 즐거움. 1.부모형제의 생존 2.부끄럽지 않게 사는 것 3.천하의 영재를 얻어 가르치는 것을 말한다.	비단위에 꽃을 더 한다. 의미 좋은 일 위에 더 좋은 일이 겹침을 말함.
窮餘之策 궁여지책	近墨者黑 근묵자흑
어려운 난국을 타개하려고 궁리한 끝에 짜낸 꾀.	먹을 가까이 하면 검개 된다. 나쁜 사람과 가까이하면 물들기 쉽다.
權謀術數 권모술수	金石盟約 금석맹약
어떤 목적을 위해 온갖 중상모략으로 수단 방법을 안 가리고 쓰는 술수.	돌이나 쇠처럼 굳은 약속.
權不十年 권불십년	今時初聞 금시초문
권세는 십년을 못간다. 아무리 대단한 권력과 권세도 오래 못 간다.	이제 방금 처음으로 듣는 말.
九牛一毛 구우일모	錦衣夜行 금의야행
아홉 마리의 소중에 한 개의 털 아주 큰 것 중에서 극히 작은 일부.	비단옷을 입고 밤길을 다님. 아무런 보람없는 행동.
金科玉條 금과옥조	奇巖絶壁 기암절벽
금이나 옥같이 소중히 여기고 지켜야 할 교훈이나 법칙.	기이하게 생긴 바위와 깎아지른 절벽.
勸善懲惡 권선징악	起承轉結 기승전결
착한일은 널리 권하고 악한 일은 벌함.	문학에서 작품을 구성하는 형식체계.
克己復禮 극기복례	奇想天外 기상천외
자신의 욕망이나 욕심을 억제하고 예의 있게 행동함.	기발한 발상이나 생각.
金枝玉葉 금지옥엽	氣高萬丈 기고만장
금 가지와 옥으로 된 잎으로 귀한 자손을 말함.	펄펄 날아갈 만큼의 힘이나 기세.
捲土重來 권토중래	錦衣還鄉 금의환향
흙먼지 날리며 다시 온다. 한 번의 실패에 굴복하지 않고 다시 도전함.	비단옷을 입고 출세하여 고향으로 돌아오는 것을 말함.

5급

起死回生 기사회생
중병을 앓다가 기적적으로 회생하는 것.

內憂外患 내우외환
나라 안과 밖의 여러 가지 걱정거리.

騎虎之勢 기호지세
호랑이를 타고 달리는 기세 이미 시작된 일을 중도에 그만 둘 수 없음.

內柔外剛 내유외강
겉으로 강하고 안으로는 부드러움.

氣盡脈盡 기진맥진
기력이 다하고 소진하여 온몸에 힘이 다 빠짐.

勞心焦思 노심초사
생각을 깊이하며 애를 쓰며 속을 태움.

奇貨可居 기화가거
좋은 기회는 놓치지 말고 잡아야 함.

綠陰芳草 녹음방초
푸르게 우거진 나무와 아름다운 꽃과 그늘 녹음이 우거진 여름 풍경.

囊中之錐 낭중지추
주머니 속 송곳 능력 있고 탁월한 사람은 가만히 있어도 존재가 드러남.

桃園結義 도원결의
삼국지에 유비 관우 장비가 의형제를 맺음으로 의형제 맺을 때를 말함.

怒甲移乙 노갑이을
갑에게 뺨 맞고 을에게 화풀이 함.

獨不將軍 독불장군
남의 의견을 무시하고 혼자 독단으로 일을 처리함.

難兄難弟 난형난제
서로 비슷하여 우열을 가리기가 어려움.

東問西答 동문서답
동쪽을 묻는데 서쪽을 대답하는 것처럼 엉뚱한 물음에 답하는 것.

落花流水 낙화유수
떨어지는 꽃과 물 님을 그리워하는 애틋한 정.

斷金之交 단금지교
쇠처럼 단단한 매우 도타운 정.

難攻不落 난공불락
공격하기가 어려워 쉽게 함락되지 않음.

多才多能 다재다능
여러 방면에 재능이 많음.

男女有別 남녀유별
남자와 여자를 다르게 서로 구분함.

單刀直入 단도직입
본론으로 들어가서 핵심만을 말함.

勞而無功 노이무공
노력은 했으나 보람이 없다.

堂狗風月 당구풍월
서당 개 삼년이면 풍월을 읊는다. 한 분야에 오래 있으면 그 일을 잘함.

多岐亡羊 다기망양	大器晩成 대기만성
학문을 하는 길이 많아서 진리를 찾기가 어려움.	큰 그릇은 늦게 완성 된다. 크게 될 사람은 늦게 이루어짐.
多多益善 다다익선	對牛彈琴 대우탄금
많으면 많을수록 좋다.	미련한 자에게 깊은 이치를 말해도 알아듣지 못하니 소용없음을 말함.
多事多難 다사다난	大書特筆 대서특필
여러 가지 말도 많고 탈도 많아 어려움.	언론매체에서 큰 제목으로 쓰고 크게 다룸.
大義滅親 대의멸친	同病相憐 동병상련
큰 뜻을 위해 혈육도 저버림.	같은 병자끼리 불쌍히 여김. 어려운 처지에 있는 사람끼리 서로 돕다.
黨同伐異 당동벌이	塗炭之苦 도탄지고
옳고 그름에 상관없이 같은 의견을 가진 자끼리 뭉침.	진흙이나 숯불에 빠진 것처럼 생활이 몹시 어려움.
多情多感 다정다감	同價紅裳 동가홍상
정도 많고 따뜻하고 감정도 풍부함.	같은 값이면 다홍치마 이왕 값이 같으면 좋은 것을 고른다.
斷機之戒 단기지계	東奔西走 동분서주
베를 짜다 도중에 그만 둠. 학문을 중도 포기 말고 꾸준히 하라는 말.	동쪽과 서쪽으로 뛴다. 사방팔방을 돌아다니며 몹시 바쁨.
簞食瓢飮 단사표음	同床異夢 동상이몽
작은 밥과 한줌의 물 청빈의 생활을 말함.	같은 침대에서 다른 꿈을 꾼다. 행동은 같이 해도 생각은 따로 함.
大同小異 대동소이	凍足放尿 동족방뇨
큰 차이가 없고 엇비슷함.	꽁꽁 언 발에 오줌누기 일시적 효과가 있는 것 같으나 더 나쁘게 됨.
獨也靑靑 독야청청	燈火可親 등화가친
홀로 푸르다 변함없는 높은 절개를 말함.	등불을 가까이 한다. 독서하기에 가을밤이 좋다.
大義名分 대의명분	馬耳東風 마이동풍
사람이라면 마땅히 지켜야 할 떳떳한 의리나 명분.	말의 귀의 동풍이 스쳐가듯이 남의 말을 지나가는 말로 흘러들음.

5급

杜門不出 두문불출
문밖을 나가지 않고 집에만 틀어박혀 있는 것.

登高自卑 등고자비
높은 곳에 오르려면 낮은 곳부터 올라야 한다. 일의 순서가 있다.

梅蘭菊竹 매란국죽
사군자로서 매화 난초 국화 대나무를 말한다.

望洋之嘆 망양지탄
자신의 힘이 미치지 못함을 탄식함.

萬頃蒼波 만경창파
한 없이 넓고 푸른 망망대해.

莫逆之友 막역지우
허물이 없이 아주 친한 친구사이.

莫上莫下 막상막하
어느 것이 위이고 아래 인지 구분이 안감. 서로 비슷한 실력을 말함.

萬全之策 만전지책
아주 완벽한 계획.

孟母三遷 맹모삼천
맹자의 어머니가 아들의 교육을 위해 세 번 이사를 했다 교육의 중요성.

明明白白 명명백백
아주 명백하게 뜻이 드러남.

亡國之音 망국지음
나라를 망치는 음악 저속하고 난잡한 잡스러운 음악.

萬古不變 만고불변
아주 오랜 세월이 가도 변하지 않음.

麥秀之嘆 맥수지탄
고국이 멸망하는 것을 보고 탄식함.

萬古風霜 만고풍상
살면서 겪는 많은 고통과 어려움.

萬事亨通 만사형통
세상의 모든 일이 원하는 대로 잘 이루어짐.

萬壽無疆 만수무강
오래 살기를 기원하는 말.

亡羊補牢 망양보뢰
양 잃고 우리를 고친다 일을 잘 못하고 뉘우쳐도 소용없음을 말함.

尾生之信 미생지신
융통성이 없이 우직하게 약속만을 굳게 지킴.

美風良俗 미풍양속
아름답고 좋은 풍속.

目不忍見 목불인견
눈 뜨고는 차마 볼 수 없는 참혹한 상황.

無不通知 무불통지
무엇이든지 환히 꿰뚫고 있어 모르는 것이 없음.

門前成市 문전성시
집에 찾아오는 사람이 시장처럼 많음을 말함.

目不識丁 목불식정
낫 놓고 기억자도 모르는 것 같이 아주 까막눈을 말한다.

猫項懸鈴 묘항현령
고양이 목에 방울달기 묘안은 있으나 실행하기 어려움.

聞一知十 문일지십
하나를 듣고 열 가지를 안다. 총명함을 말함.

明若觀火 명약관화
불을 보듯 뻔함 더 말할 나위 없이 명백함.

無爲徒食 무위도식
일은 하지 않고 먹고 놀기만 함.

無用之物 무용지물
쓸모없는 사람이나 물건.

無爲自然 무위자연
인공적인 것이 아닌 자연의 상태.

無知莫知 무지막지
매우 무지하고 우악스러움.

文房四友 문방사우
종이 붓 먹 벼루를 말함. 서재에 꼭 있어야할 물건.

門前沃畓 문전옥답
집 앞 가까이에 있는 기름진 좋은 논을 말함.

物我一體 물아일체
자연과 내가 하나가 된 상태.

薄利多賣 박리다매
이익을 조금 보고 많이 팔아 이윤을 남김.

博而不精 박이부정
아는 것은 많지만 세밀이 알지 못함.

白骨難忘 백골난망
죽어 백골이 되어도 잊을 수 없다. 커다란 은혜에 대한 고마움을 말함.

背水之陣 배수지진
막다른 골목이어서 목숨을 걸고 싸울 수 밖에 없음.

百年河淸 백년하청
아무리 세월이 흘러도 일이 해결 될 기미가 보이지 않음.

伯仲之間 백중지간
우열을 가릴 수 없이 서로 비슷함.

百尺竿頭 백척간두
백자 높이의 장대 끝 어렵고 몹시 위태로운 상황.

富國強兵 부국강병
나라의 군사력을 튼튼하게 하고 나라의 부도 축적다.

放聲大哭 방성대곡
목소리를 높여 크게 목 놓아 우는 것.

百計無策 백계무책
백가지의 계략을 써 봐도 해결할 방법이 없음.

背恩忘德 배은망덕
은혜를 저버리고 배신함.

拔本塞源 발본색원
좋지 않은 일을 뿌리 채 뽑음.

不問曲直 불문곡직
잘 잘못을 따지지 않고 함부로 행동함.

白面書生 백면서생
세상 경험이 없이 글만 읽은 사람.

不可抗力 불가항력
인간의 힘으로는 어찌할 수 없는 상태.

白衣民族 백의민족
흰옷을 즐겨 입은 우리 민족을 말함.

不可思議 불가사의
묘하고 이상해서 인간의 생각으로 미루어 짐작할 수 없음.

百戰百勝 백전백승
백번 싸우면 백번 이김 싸울 때마다 이김.

不俱戴天 불구대천
도저히 한 하늘을 이고 살 수 없는 철천지 원수를 말함.

百年大計 백년대계
먼 미래를 보고 인재를 양성함.

父子有親 부자유친
오륜의 하나로 부자간의 친함이 있어야 함을 말함.

百發百中 백발백중
화살을 쏘는 대로 맞힘 무슨 일이든 잘 들어 맞음.

朋友有信 붕우유신
오륜의 하나로 친구 간에는 믿음이 있어야 함.

白手乾達 백수건달
돈이 없이 놀며 다닌다.

非一非再 비일비재
같은 일이 매번 반복하여 일어남.

百折不屈 백절불굴
어떠한 어려움에도 뜻을 굽히지 않음.

非夢似夢 비몽사몽
현실인지 꿈인지 애매한 상태.

百八煩惱 백팔번뇌
불교에서 말하는 108개의 번뇌.

父傳子傳 부전자전
아버지에게서 아들에게 전해짐.

報怨以德 보원이덕
원한을 오히려 덕으로 갚음.

不知其數 부지기수
헤아릴 수 없이 많은 상태.

百害無益 백해무익
해롭기만 하고 하나도 이로운 것이 없음.

附和雷同 부화뇌동
자신의 의지가 없이 남이 하는 대로 따라 감.

不老長生 불로장생
늙지 않고 오래 삼.

粉骨碎身 분골쇄신
뼈가 가루가 되도록 전력투구하여 희생함.

不要不急 불요불급
필요하지도 않고 급하지도 않음.

士農工商 사농공상
선비 농부 장인 상인의 네 가지 계급으로 나누었음.

四面楚歌 사면초가
적에게 둘러 쌓여 고립되어 이러지도 저러지도 못함.

三綱五倫 삼강오륜
유교의 도덕이 되는 기본서.

三顧草廬 삼고초려
좋은 인재를 얻기 위해서 유비가 제갈공명을 세 번이나 찾아감에서 유래.

死生決斷 사생결단
죽고 사는 것을 신경 쓰지 않고 끝장을 내려함.

四分五裂 사분오열
이리 저리로 갈갈이 찢어져 뿔뿔이 헤어짐.

四書三經 사서삼경
유교의 경전을 말함.

砂上樓閣 사상누각
모래위에 지은 집 기초가 약하여 금방 무너짐을 비유.

事必歸正 사필귀정
모든 일은 반드시 정의가 승리하게 됨.

山戰水戰 산전수전
세상의 온갖 고난과 어려움을 겪어 세상 경험이 많음.

山海珍味 산해진미
산과 바다에서 나는 온갖 귀한 것들로 음식을 차림.

殺身成仁 살신성인
옳은 일을 위하여 자신을 죽여 희생하는 것을 말함.

森羅萬象 삼라만상
우주에 있는 온갖 사물과 현상.

相扶相助 상부상조
서로 서로 도와 줌.

三寒四溫 삼한사온
우리나라의 겨울 기후로서 삼일은 춥고 사일은 따뜻함.

三水甲山 삼수갑산
지세가 험하고 가기가 어려운 곳으로 몹시 어려운 상황을 말함.

三位一體 삼위일체
세 가지가 합쳐서 하나가 되는 일.

三尺童子 삼척동자
키가 석자 밖에 안 되는 아이 어린이를 말함.

塞翁之馬 새옹지마
어떤 것이 복이 되고 화가 될지 세상은 살아봐야 아는 것이다.

首丘初心 수구초심	**速戰速決** 속전속결
사람이 고향을 그리워하는 마음을 나타냄.	어떤 일이나 사건을 속히 진행함.
生而知之 생이지지	**送舊迎新** 송구영신
사람이 배우지 않아도 깨우쳐 알아감.	묵은 해를 보내고 새해를 맞음.
先見之明 선견지명	**水魚之交** 수어지교
미래를 내다보는 안목을 말함.	물과 물고기의 관계 즉 뗄 수 없는 사이나 관계.
雪上加霜 설상가상	**識字憂患** 식자우환
눈위의 서리가 덮임. 불행한 일이 겹쳐서 일어남을 말함.	알아도 똑바로 알지 못해 아는 것이 오히려 근심을 초래함.
袖手傍觀 수수방관	**阿鼻叫喚** 아비규환
팔장을 끼고서 그저 바라만 보고 있음.	지옥같은 비참한 상황에서 부르짖는 절규.
生面不知 생면부지	**身言書判** 신언서판
한 번도 만나 본적이 없는 사람.	인물을 판단하는 네 가지 조건. 몸, 말씨, 문필, 판단력을 말함.
善男善女 선남선녀	**十伐之木** 십벌지목
착한 여자와 착한 남자를 말함. 보통의 처녀총각을 좋게 말함.	열 번 찍어 안 넘어 가는 나무 없다. 반복하여 설득하면 이루어짐을 말함.
小貪大失 소탐대실	**十年知己** 십년지기
작은 것을 탐내다가 오히려 큰 것을 잃게 됨.	십년이상을 사귀어 온 오래 된 친구 사이.
是是非非 시시비비	**新陳代謝** 신진대사
옳은 것과 그른 것을 공정하게 판단하여 따짐.	오래 묵은 것이 없어지고 새로운 것이 새로 생겨남을 말함.
始終一貫 시종일관	**神出鬼沒** 신출귀몰
변하지 않고 처음부터 한결 같음을 말함.	귀신처럼 날쌔게 사라졌다가 다시 나타나는 것을 말함.
束手無策 속수무책	**實事求是** 실사구시
묶인 손을 어찌 할 수 없듯이 빤히 보면서도 어찌 할 수 없는 상태.	있는 사실을 토대로 하여 진리를 탐구하는 일.

身土不二 신토불이
태어난 땅과 몸을 분리 될 수 없듯이 제 땅에서 자란 식물이 체질에 맞다.

心機一轉 심기일전
어떤 동기로 인해 지금껏 먹었던 마음을 바꾸고 달라짐.

深思熟考 심사숙고
신중하게 깊이 생각함.

十年減壽 십년감수
수명이 십년이나 감수 됨. 너무 놀랐을 때 가슴을 쓸어내리며 하는 말.

愛之重之 애지중지
매우 사랑하고 귀중히 여김.

梁上君子 양상군자
도둑을 점잖게 이르는 말.

魚頭肉尾 어두육미
물고기는 머리 쪽이 맛이 있고 짐승의 육고기는 꼬리 쪽이 맛이 있음.

如履薄氷 여리박빙
살얼름판 을 걷는 것 같이 아슬아슬하고 위험한 상태.

語不成說 어불성설
말이 이치에 맞지 않음.

漁父之利 어부지리
둘이 다투는 사이에 제 삼자가 이득을 봄.

焉敢生心 언감생심
감히 먹을 수 없는 마음.

寤寐不忘 오매불망
자나 깨나 잊지 못함.

五臟六腑 오장육부
사람의 배 안에 있는 장기들.

五里霧中 오리무중
안개가 짙게 끼어 있어 앞의 상황이나 방향을 잡을 수 없음.

言文一致 언문일치
말과 문장이 일치함. 용어나 표현에서 차이가 없음.

吾鼻三尺 오비삼척
내 코가 석자 자기 사정이 급하여 남을 돌볼 겨를이 없음.

烏飛梨落 오비이락
까마귀가 날자 배 떨어진다 전혀 상관도 없는 일에 오해를 받음.

烏合之卒 오합지졸
무질서하고 훈련되지 않은 군중이나 무리.

溫故知新 온고지신
옛것을 배우게 되면 새로운 것도 알게 됨.

臥薪嘗膽 와신상담
원수를 갚거나 어떤 목적을 이루기 위해서 온갖 괴로움을 참고 견딤.

言語道斷 언어도단
엄청나고 기가 막힌 일이 있을 때 말길이 끊겨 말할 수 없음.

言中有骨 언중유골
말 속에 뼈가 있음을 말함. 말속에 깊은 속뜻이 있음.

言行一致 언행일치
말과 행동이 서로 같아 일치가 됨.

有口無言 유구무언
입이 있어도 할 말이 없다. 변명을 할 수 없음.

易地思之 역지사지
나의 처지와 상대방의 처지를 바꾸어서 생각함.

有名無實 유명무실
이름은 있으나 실속이 없음.

年末年始 연말연시
한 해의 마지막 때와 새해의 첫머리를 말함.

有備無患 유비무환
앞일을 대비하여 미리 준비하여 둠.

緣木求魚 연목구어
나무에서 물고기를 찾는다. 도저히 성공할 수 없는 일을 하려함.

流言蜚語 유언비어
아무런 근거 없이 떠도는 이야기나 소문.

外柔內剛 외유내강
겉으로는 부드러워 보이나 속은 단단함.

類類相從 유유상종
끼리끼리 어울리는 것을 말함.

窈窕淑女 요조숙녀
자태가 아름답고 고요하며 품위 있는 여인.

悠悠自適 유유자적
속세를 떠나 여유있고 한가로이 조용히 편안하게 지내는 삶.

龍頭蛇尾 용두사미
용의 머리 뱀의 꼬리 처음시작은 용처럼 대단했으나 나중은 흐지부지 됨.

隱忍自重 은인자중
은밀하게 밖으로 드러내지 않고 신중히 함.

右往左往 우왕좌왕
우로 갔다 좌로 갔다가 갈피를 못 잡는 상태.

耳目口鼻 이목구비
사람의 눈 코 입 귀를 말함.

優柔不斷 우유부단
신중하여 결단을 쉽게 내리지 못하는 상태.

以實直告 이실직고
있는 사실을 그대로 고함.

牛耳讀經 우이독경
소귀에 경 읽기 어리석은 사람에게 아무리 알려 주어도 못 알아들음.

以心傳心 이심전심
마음과 마음으로 서로 통함.

雨後竹筍 우후죽순
비온 뒤 마구 솟아나는 대나무의 새싹들처럼 어떤 일이 많이 생김.

利用厚生 이용후생
백성들이 먹고 이용하는 생활들을 편리하고 윤택하게 함.

二律背反 이율배반
어떤 뜻이 서로가 반대가 되어 모순이 됨.

因果應報 인과응보
어떤 일의 원인에 따라 결과가 이루어짐 원인이 좋으면 결과도 좋다.

人面獸心 인면수심
얼굴은 사람이지만 마음이나 행동이 사나운 짐승같이 피도 눈물도 없음.

人命在天 인명재천
사람이 죽고 사는 것은 하늘의 뜻에 달려 있다.

仁者無敵 인자무적
인자한 사람은 모든 사람을 사랑하므로 적이 없다.

一擧兩得 일거양득
한 개의 일로 두 개의 이익을 얻음.

日久月深 일구월심
세월이 갈수록 더하여 짐.

一口二言 일구이언
한 입으로 두말을 한다. 자신이 한 말을 이랬다가 저랬다가 번복함.

一網打盡 일망타진
한 번의 고기를 다 잡는다. 어떤 일을 근원인 뿌리 채 뽑는 것.

一罰百戒 일벌백계
한 사람에게 벌을 주어 경각심을 주기 위해서.

一瀉千里 일사천리
어떤 일이 조금도 거침없이 착착 진행이 됨.

一石二鳥 일석이조
한 개의 돌로 두 마리 새를 잡듯이 한 가지 일로 두 가지 이득을 봄.

一笑一少 일소일소
한 번 웃으면 한 번 더 젊어짐.

一心同體 일심동체
몸과 마음을 합쳐서 하나가 됨. 협동하여 한 뜻이 되는 것.

一葉片舟 일엽편주
한 개의 작은 조각배.

一場春夢 일장춘몽
한 번의 꾼 꿈 같이 인생의 허무함을 말함.

一觸卽發 일촉즉발
무언가 닿기만 하여도 폭발 할 것 같은 상태.

一寸光陰 일촌광음
아주 짧은 시각.

日就月將 일취월장
날이 갈수록 발전하여 나감.

一致團結 일치단결
여럿에서 한 덩어리로 뭉침.

一波萬波 일파만파
한 사건이 점점 퍼져서 눈덩이 커지듯이 커짐.

一片丹心 일편단심
한 조각의 붉은 마음 변치 않는 참된 마음을 말함.

5급

143

一攫千金 일확천금	**自手成家** 자수성가
고생하지 않고 쉽게 한꺼번에 많은 재물을 얻음.	부모에게 물려받은 재산 없이 스스로 한 일가를 이루거나 사업을 이룸.
一喜一悲 일희일비	**自業自得** 자업자득
한 번은 기쁜 일이 한 번은 슬픈 일이 번갈아 일어남.	자기가 저지른 일의 결과도 자신이 받음.
臨機應變 임기응변	**自暴自棄** 자포자기
어려운 상황에 놓일 때마다 그때 그때 알맞게 일을 처리함.	몸과 마음과 행동을 자신 스스로 헤쳐 가며 포기하며 행함.
臨戰無退 임전무퇴	**自畵自讚** 자화자찬
전쟁에 한 번 나아가면 절대로 물러서지 않음.	자기가 한 일을 자기스스로가 칭찬함.
立身揚名 입신양명	**作心三日** 작심삼일
사람들에게 인정을 받고 출세를 하고 후세에 까지 이름을 널리 날리는 것.	굳게 결심한 마음이 삼일을 못가고 흐지부지 됨.
自問自答 자문자답	**張三李四** 장삼이사
스스로가 묻고 스스로가 답함.	장씨의 셋째 아들 이씨의 넷째아들 이름. 신분이 특별치 안은 평범한 사람.
自家撞着 자가당착	**長幼有序** 장유유서
자기가 한 말과 행동이 일치하지 않고 모순됨.	어른과 아이 사이에는 차례와 질서가 있어야 함.
自激之心 자격지심	**賊反荷杖** 적반하장
자기가 한일에 대하여 스스로가 미흡하다고 여김.	도둑이 오히려 매를 친다로 잘못한 사람이 잘 한 사람을 나무라는 것.
自强不息 자강불식	**適者生存** 적자생존
수양함에 있어 스스로 힘을 써 몸과 마음을 쉬지 않고 열심히 함.	생존경쟁에서 그 환경에 맞는 것만 살아 남는다.
自給自足 자급자족	**前無後無** 전무후무
자기가 필요한 물건을 자기가 스스로 만들어서 사용한다.	이전에도 없고 앞으로 없음.
子孫萬代 자손만대	**戰戰兢兢** 전전긍긍
자자손손 자식에 자식이 대대로 대를 이어나감.	몸을 움츠리고 겁을 먹고 벌벌 떠는 것.

全知全能 전지전능	**左之右之** 좌지우지
모든 것에 다 능한 즉 못하는 것이 하나도 없는 신의 영역.	좌측으로 우측으로 마음대로 함.
轉禍爲福 전화위복	**左衝右突** 좌충우돌
화가 바뀌어 도리어 복이 된다. 불행이 행복으로 바뀜.	여기저기 부딪히며 충돌함.
絶世佳人 절세가인	**主客顚倒** 주객전도
미모가 매우 아름답고 뛰어난 여인.	주인의 입장과 객의 입장이 서로 바뀐 것.
切磋琢磨 절차탁마	**晝耕夜讀** 주경야독
옥이나 돌을 갈아서 빛을 낸다. 학문과 인격수양을 부지런히 함.	낮에 일하고 밤에는 독학을 하여 공부를 한다.
切齒腐心 절치부심	**走馬看山** 주마간산
이를 갈고 마음을 썩이다의 뜻으로 아주 분하여 속을 썩임.	말을 타고 지나가면서 아름다운 풍경을 구경하듯이 대강 살펴봄.
漸入佳境 점입가경	**竹馬故友** 죽마고우
가면 갈수록 점점 재미가 더함. 재미나 아름다움이 점점 더해감을 말함.	어릴 때부터 같이 놀며 자란 벗.
糟糠之妻 조강지처	**衆寡不敵** 중과부적
어려운 시절을 함께 고생하며 살아온 본 부인.	적은수로 많은 수를 대적하여 이기지 못함.
朝三暮四 조삼모사	**衆口難防** 중구난방
아침에 세 개 저녁에 네 개 간사한 꾀로 남을 속임.	여러 사람의 입을 막을 수 없다로 여러 사람이 마구 떠들어 댐.
鳥足之血 조족지혈	**千篇一律** 천편일률
새 발의 피 매우 아주 적은 량을 말함.	천권의 책이 하나 같이 같아서 단조롭고 지루함.
宗廟社稷 종묘사직	**靑山流水** 청산유수
나라를 말함.	푸른 산과 흐르는 물처럼 막힘이 없이 말을 술술 잘하는 사람.
坐井觀天 좌정관천	**靑雲之志** 청운지지
우물 속에 앉아서 하늘을 본다. 세상 물정을 모르고 식견이나 안목이 좁음.	출세하고 싶은 욕망.

青出於藍 청출어람
쪽에서 뽑은 물감이 쪽보다 더 푸름 제자가 스승보다 더 뛰어남을 말함.

清風明月 청풍명월
맑은 바람과 밝은 달 결백하고 온건한 성격.

草綠同色 초록동색
풀빛과 녹색은 같다. 비슷한 처지의 사람과 어울리거나 편을 드는 것.

焦眉之急 초미지급
눈썹에 불이 붙은 것 같이 매우 다급하고 위급한 상태를 말함.

初志一貫 초지일관
처음에 세운 뜻을 끝까지 일관성 있게 밀고 나감.

寸鐵殺人 촌철살인
한 치의 칼로 사람을 죽인다. 한마디의 말로 사람을 감동시키거나 약점도 찌름.

秋風落葉 추풍낙엽
가을바람에 떨어지는 낙엽 세력이나 가세가 갑자기 기울어짐.

春夏秋冬 춘하추동
사계절을 말함. 봄, 여름, 가을, 겨울.

七顚八起 칠전팔기
7번 넘어지면 8번째 일어 난다. 여러 번의 실패에도 불구하고 다시 도전함.

快刀亂麻 쾌도난마
헝클어진 삼을 단칼에 자른다. 얽히고 설킨 문제를 단번에 처리함.

他山之石 타산지석
남의 좋지 못한 말이나 행동을 보고도 나의 인격을 수양하는 데 도움으로 삼음.

卓上空論 탁상공론
현실성 없이 책상 앞에서 모여 헛된 회의만 하는 것.

貪官汚吏 탐관오리
부정부패가 많은 관리나 벼슬아치.

泰然自若 태연자약
마음에 충동이 와도 요동치지 않고 태연함.

兎死狗烹 토사구팽
사냥 후에 쓸모없어진 개를 잡아먹음. 필요가 없어지면 매몰차게 버림.

波瀾萬丈 파란만장
일을 해나감에 있어서 기복의 변화가 아주 심함.

破竹之勢 파죽지세
대나무를 쪼개는 기세 세력이 강하여 걷잡을 수 없이 몰아쳐감.

八方美人 팔방미인
다방면에 재주가 능한사람.

抱腹絶倒 포복절도
너무 웃겨서 배를 쥐고 자지러지는 모습.

表裏不同 표리부동
마음이 음흉하여 겉과 속이 다름.

風樹之嘆 풍수지탄
부모에게 효도를 하고자 하지만 부모는 기다려 주지 않아 한탄함.

風前燈火 풍전등화
바람 앞의 등불. 아주 매우 위태로운 상태.

匹夫之勇 필부지용	**狐假虎威** 호가호위
평범한 사람의 작은 용기.	여우가 호랑이 위세로 호기 부림. 남의 강한 위세를 빌어 약자에게 허세를 부림.
匹夫匹婦 필부필부	**糊口之策** 호구지책
보통의 남녀를 말함.	입에 풀칠하다 겨우겨우 근근히 끼니를 이어감.
下學上達 하학상달	**好事多魔** 호사다마
낮고 쉬운 지식부터 배워 깊고 어려운 것을 깨달음.	좋은 일에는 방해가 되는 일이 생김.
鶴首苦待 학수고대	**浩然之氣** 호연지기
목을 길게 빼고 매우 기다림.	하늘과 땅에 가득한 올바르고 부끄러움이 없는 용기.
漢江投石 한강투석	**惑世誣民** 혹세무민
한강의 돌 던지지 아무리 노력해도 보람이 없고 의미가 없음.	세상을 미혹하여 어지럽게 하여 백성을 속이는 일.
咸興差使 함흥차사	**昏定晨省** 혼정신성
심부름을 보낸 사람이 아무런 연락이 없고 감감 무소식일 때 하는 말.	밤에는 부모님의 잠자리를 살피고 아침에 안부를 물어 부모에게 효도함.
虛禮虛飾 허례허식	**畵中之餠** 화중지병
쓸데없는 예절이나 법이나 겉치레.	그림의 떡처럼 할 수 없음을 말함.
虛心坦懷 허심탄회	**同姓同本** 동성동본
마음을 툭 터놓고 숨김없이 말함.	이름성과 본이 같음.
虛虛實實 허허실실	**平地風波** 평지풍파
계략이나 수단을 써서 상대방의 허를 찌르고 약점을 서로 비난함.	고요한 땅에 바람이 일듯이 분쟁이 일어남.
軒軒丈夫 헌헌장부	**氷山一角** 빙산일각
풍채나 외모가 준수하여 당당하여 대장부 같이 보이는 남자.	극히 아주 작은 일부를 말함.
賢問愚答 현문우답	**生老病死** 생로병사
현명한 물음에 어리석은 대답.	태어나고 늙고 병들고 죽는 것을 말함.

惡戰苦鬪 악전고투
악조건에서 매우 힘들게 싸움.

敗家亡身 패가망신
집안에 재산을 다 없이하고 몸까지 상함.

以熱治熱 이열치열
열은 열로서 다스린다. 여름에 오히려 더운 음식을 먹는다.

博學多識 박학다식
학문이 깊고 아는 지식이 많음.

異口同聲 이구동성
입은 많지만 한 목소리를 내는 것.